Die Berliner Dozenten und die Dozenten an den Riesenuniversitäten haben aber nicht den richtigen Maßstab. Einmal haben sie mit Verbindungswesen nicht zu kämpfen. Ferner werden sie nicht bloß von Preußen und Norddeutschen, sondern auch von Süddeutschen und reifen Ausländern aufgesucht. Endlich täuschen sie sich bei dem Anblick ihrer gefüllten Auditorien insofern leicht, als ihnen dort gar nicht zum Bewußtsein kommt, wieviel denn noch immer fehlen. Gegen andere Dozenten, die mit dem Besuch ihrer Vorlesungen zufrieden sind, ist mitunter insofern ein gewisses Mißtrauen am Platz, als sie oft das glauben, was sie glauben wollen. Ich könnte dafür mit Beispielen dienen. Die durch unauffälliges Auszählen zu verschiedenen Zeiten gefundenen nüchternen Zahlen würden gewiß manche Illusion zerstören.

Der Hauptgrund der Kollegienflucht ist vor allem in folgendem zu suchen: Der normale stud. jur. hat von älteren Kommilitonen und jungen und alten Praktikern gehört, und es wird ihm alsbald durch den Augenschein bestätigt, daß er zum Bestehen des Referendarexamens, seines jetzt einzigen Zieles, drei Semester nichts zu tun brauche. Und von dieser Freiheit macht er den ausgiebigsten Gebrauch. Wenn er dann nach drei Semestern zu studieren anfängt, so sagt er sich mit Recht, daß er jetzt nicht mehr imstande ist, alle Vorlesungen zu hören und durchzuarbeiten. Da erbietet sich jemand, ihm das ganze jus in längstens $1^1/_2$ Jahren beizubringen. Diesem sog. Repetitor vertraut er sich an. Er versucht nun noch, die neubelegten — nicht die versäumten — Vorlesungen nebenher zu hören. Aber zum Teil kollidieren diese mit dem ja jetzt unbedingt notwendigen Repetitor, zum Teil versteht er sie nicht, da sie die versäumten Vorlesungen voraussetzen. Also nach kurzer Zeit bleibt er weg.

Die Folgen dieser Misere zeigen sich verschiedenartig.

Nicht nur wird, wie die Examina ergeben, nicht im entferntesten das geleistet, was zu leisten ist, sondern die Universitätszeit schadet geradezu: Einen besonderen Wert unserer Schule erblicke ich in der Erziehung zur Arbeit und zum Pflichtgefühl. Der Student, der lange Zeit gebummelt hat, gebraucht erst lange Zeit dazu, um sich wieder an das regelmäßige Arbeiten zu gewöhnen. Aber meistens sinkt außerdem das allgemeine Bildungsfrage die Frage zu stellen, wie ist zu entscheiden bei dieser, wie bei jener Auffassung. Ja, unter Umständen wird es angängig sein, die Entscheidung von Streitfragen dadurch herbeizuführen, daß die Studenten das Material für das Für und Wider auf Befragen selbst herbeischaffen und so die Entscheidung mit dem Dozenten zusammenfinden. Das geht natürlich nicht bei jeder Frage. Aber daß es oft geht, das weiß ich aus eigener Erfahrung. Auf diese Weise wird das Urteil der Studenten geschärft, sie haben Freude an der von ihnen gefundenen richtigen Entscheidung, die fehlerhaften Auffassungen werden sofort, zum Teil wieder unter Heranziehen der Studenten, berichtigt, ja es ist mir sogar schon mehrfach vorgekommen, daß ein Student ohne Fragen seine Bedenken über eine von mir vorgetragene Ansicht mir mitten im systematischen Kolleg entgegengehalten hat.

Wenn diese Methode ganz durchgeführt werden soll, dann muß der rein gedächtnismäßige Stoff ausgeschieden, und anderseits müssen die Vorlesungen der Zeit nach ausgedehnt werden. Gerland[1]) erhofft allerdings von der Ausscheidung des rein gedächtnismäßigen Stoffes, die Länge der einzelnen Vorlesungen würde abgekürzt werden können. Aber einmal halte ich es nicht für richtig, die Details in den systematischen Vorlesungen gar zu sehr zu beschneiden. Vielfach gewinnt der allgemeine Rechtssatz durch das Detail erst Leben. Unter Umständen läßt sich an dieser oder jener Detailvorschrift besonders gut die Auslegungskunst erlernen. Ich z. B. gehe ungern an einer inkorrekt gefaßten Gesetzesregel vorüber, um den Studenten zu zeigen, daß die Worte des Gesetzes nur eins und zwar das schwächste Mittel sind, um den Gesetzesinhalt festzulegen. Es ist also eine Kürzung der systematischen Vorlesungen ganz ausgeschlossen, und wenn die Vorlesungen so gestaltet werden, wie sie es müssen, nämlich unter Aufrechthaltung des Verkehrs zwischen Dozenten und Studenten, so bedürfen sie der Ausdehnung. Andernfalls würde die Hauptvorbereitung für das Examen den Repetitoren zufallen müssen. Die Ausdehnung der Vorlesungen kostete schließlich den Studenten nicht mehr Zeit, sondern dürfte einen Zeitgewinn bedeuten: Sie

---

[1]) Die Reform des jur. Studiums, Bonn 1911, S. 83 f.

Entwickelung, die das römische Recht genommen hatte, bis es von Justinian geformt worden ist. Das sind also nur Rechtsaltertümer. Sollen auch sie gelehrt und gelernt werden? Dann müßte vom entwickelungsgeschichtlichen Standpunkte aus ebensogut das französische Zivil-, Straf- und Prozeßrecht oder gar das spanische Konkursrecht in seiner Entwickelungsgeschichte Gegenstand des Unterrichts sein. Man stützt sich daher auf den inneren Wert des römischen Rechts. Aber hiergegen wird gewiß nicht mit Unrecht erwidert, daß man doch aufhören solle, die römischen Juristen nur mit den Augen der Renaissancemenschen anzusehen, daß die Menschheit seitdem doch nicht stillgestanden sei, daß sich die Jugend auch an den Werken unserer Meister bilden könne. Man könnte hinzufügen, daß man ja an den römischen Juristen zwar den feinen juristischen Takt preist, der sie zu richtigen Entscheidungen geführt habe, daß sie aber in den Gründen weniger sicher gewesen seien, und daß man doch eigentlich das Wesen des Rechts nicht an der Richtigkeit des Urteilstenors, sondern an der Art der Begründung erkennen lernen müsse. Man könnte auch auf das zuweilen übertrieben formale Denken der römischen Juristen hinweisen, etwa darauf, daß heutzutage ihre Entscheidungen über die Prälegate einer Sache an mehrere Miterben geradezu unmöglich wären.

Und doch hat m. E. das römische Privatrecht in seiner geschichtlichen Entwickelung einen bevorzugten Platz in dem Lehrplan einzunehmen aus folgenden Gründen: 1. Folgen Sie mir wieder auf das Gebiet der Naturwissenschaften. Keinem Naturforscher fällt es ein, sein Forschungsgebiet an irgend welche politischen Grenzen zu knüpfen. Wenn er seine Tätigkeit auch später örtlich zu beschränken gezwungen sein sollte, so wird er doch im Stadium der Vorbereitung eine möglichst umfassende Allgemeinbildung zu gewinnen streben, um die Forschungsergebnisse seiner späteren Spezialstudien an den allgemeinwissenschaftlichen Normen orientieren zu können. Auch die Wissenschaft des Rechts ist nichts weniger als eine an lokale Grenzen gebundene. So sagt mit Recht v. Stein: „Die Kraft, die den Wechsel im Recht erzeugt, muß auf ihre Gesetzmäßigkeit zu erkennen gesucht werden. Da diese Kraft, wenn sie gesetzmäßig wirkt, überall gleichmäßig wirken

THEO MAYER-MALY

Erwerbsabsicht und Arbeitnehmerbegriff

NEUE KÖLNER RECHTSWISSENSCHAFTLICHE ABHANDLUNGEN

HERAUSGEGEBEN VON
DER RECHTSWISSENSCHAFTLICHEN FAKULTÄT
DER UNIVERSITÄT ZU KÖLN

HEFT 37

Berlin 1965

WALTER DE GRUYTER & CO.

vormals G. J. Göschen'sche Verlagshandlung · J. Guttentag, Verlagsbuchhandlung
Georg Reimer · Karl J. Trübner · Veit & Comp.

Erwerbsabsicht und Arbeitnehmerbegriff

Von

Theo Mayer-Maly

Professor an der Universität Köln

Berlin 1965

WALTER DE GRUYTER & CO.

vormals G. J. Göschen'sche Verlagshandlung · J. Guttentag, Verlagsbuchhandlung
Georg Reimer · Karl J. Trübner · Veit & Comp.

Archiv-Nr. 27 08 65 1

Satz und Druck: Berliner Buchdruckerei Union GmbH, Berlin 61

Hans Carl Nipperdey
in tiefer Verehrung
gewidmet

INHALT

ABKÜRZUNGSVERZEICHNIS

Die in dieser Arbeit verwendeten Abkürzungen entsprechen durchwegs denen, die bei Hueck-Nipperdey, Lehrbuch des Arbeitsrechts I [7](1963), S. XVII ff. angeführt werden. Die bei Bensheimer erschienene Sammlung der Entscheidungen des Reichsarbeitsgerichts und der Landesarbeitsgerichte allerdings wird nicht mit RAG, sondern mit ARS zitiert.

Im übrigen gebrauchte ich noch folgende Abkürzungen:

ArbSlg	Sammlung arbeitsrechtlicher Entscheidungen der Gerichte und Einigungsämter, hg. v. österr. Bundesministerium für Justiz
DRdA	Das Recht der Arbeit (Wien)
Festschr. Stohr	Universitas, Festschrift für Bischof Albert Stohr, 1960
Girgensohn	Die arbeitsrechtliche Stellung der Krankenschwestern, Kölner Diss. 1962
KirchE	Entscheidungen in Kirchensachen, hg. v. C. J. Hering u. H. Lentz
KVRS	Die Krankenversicherung in Rechtsprechung und Schrifttum
ÖJZ	Österreichische Juristen-Zeitung

Problemstellung:

Der hauptsächliche Beweggrund menschlicher Arbeit ist gewiß das Streben nach Erwerb. Daneben aber waren und sind Menschen immer wieder in erster Linie tätig, um Gutes zu tun. Bisher konnte noch keine Gesellschaftsordnung längere Zeit ohne solche selbstlose Arbeit auskommen. Auch der Wohlfahrtsstaat läßt reichlich Raum für Caritas.

Kann der Liebesdienst aus unabhängiger Position erwiesen werden, gibt er kaum Rechtsprobleme auf. Doch das Bild der vornehmen Dame, die in ihrer freien Zeit Akte der Krankenpflege setzt, kann die Problematik der Caritas in der Gegenwart nicht ausdrücken. Ohne Institutionalisierung in Form von Berufen könnte alles selbstlose Helfen keine Breitenwirkung gewinnen.

Mit der Bindung an Berufe tritt aber auch das Arbeitsrecht ins Blickfeld. Wie jeder Lebensbereich unserer Massengesellschaft kommt auch die Hilfeleistung aus religiösen oder sonstigen karitativen Beweggründen nicht ohne Organisation und damit nicht ohne persönliche Abhängigkeit aus. Persönliche Abhängigkeit aber ist es, die eine Leistung von Diensten ins Arbeitsrecht weist[1].

Ob aber in erster Linie nicht erwerbsdienliche, überwiegend durch religiöse oder karitative Beweggründe bestimmte Beschäftigungen ins Arbeitsrecht gehören, ist lebhaft umstritten. Die Diskussion erfaßt Dienstleistungen von Ordensleuten und anderen Beschäftigten geistlichen Standes[2], dann die Arbeit von Weltleuten im kirchlichen Bereich[3], aber auch die Rechtsstellung der Schwestern vom Deutschen Roten Kreuz[4] und von

---

[1] Vgl. statt aller *Hueck-Nipperdey*, Lehrb. d. Arbeitsrechts I^7 (1963), 41 ff.

[2] Vgl. etwa *E. Hoyer*, Ordensrecht und Arbeitsrecht (1935); *Kalisch*, Ztschr. f. evang. Kirchenrecht 2 (1952), 24 ff.; *G. Müller*, Zum Recht des Ordensvertrages, 1956; *Jacobi*, Festschr. Nikisch (1958) 83 ff.; *W. Böcker*, Die Nachversicherung von ausgeschiedenen Mitgliedern geistlicher Genossenschaften, Kölner Diss. (1962), 36 ff.

[3] Vgl. *Kalisch* und *Jacobi* a.a.O., ferner *U. Schmadtke*, Arbeitsrecht im Bereich kirchlicher Selbstbestimmung, Mainzer Diss. 1950; *J. Röhling*, Die Autonomie der kath. Kirche ... und die besondere Stellung der kirchlichen Arbeitnehmer, Erlanger Diss. 1957; *Hofmeister*, Archiv f. kath. Kirchenrecht 117 (1937), 127 ff.

[4] Dazu speziell *Hellberg*, DAR 1942, 46; *Nikisch*, Festschr. *Hueck* (1959) 1 ff.

anderen Mitgliedsschwestern von Schwesternverbänden[5]; freie Schwestern und Lernschwestern geben ebenso Anlaß zu Unklarheiten. Neubildungen im Bereich der Sozialarbeit wie die Schaffung eines freiwilligen sozialen Ehrenjahres[6] oder die Errichtung von Friedenscorps werden sicherlich analoge Probleme aufwerfen.

Die Häufigkeit von Streitigkeiten über das Verhältnis des sozialkaritativen Arbeitsbereichs zum Arbeitsrecht[7] indiziert eine verwickelte Problematik. Kenner der Praxis werden kaum bestreiten können, daß der Geist der Nächstenliebe, der das Verhalten gegenüber den Hilfsbedürftigen prägt, bei internen Interessenkonflikten weit zurücktritt.

Echte Tragik, also eine Kollision legitimer Ansprüche, wird greifbar. Wer seine Arbeitskraft aus religiösen oder karitativen Beweggründen einsetzt und eine entsprechende Berufswahl trifft, handelt schon damit selbstlos. Reichtum oder auch nur Wohlstand winken in diesen Arbeitsbereichen gewiß nicht. Es fällt schwer, von der Selbstlosigkeit des so Handelnden auch noch zu fordern, daß er jenem Mindestmaß an Rechten entsagt, das sonst jeder abhängige Beruf dank der Arbeitnehmereigenschaft des Beschäftigten, dank der allgemeinen Rechte aller Arbeitnehmer gewährt.

Doch die Lage der Institutionen, die jene beschäftigen, die aus religiösen und karitativen Motiven arbeiten, fordert gleichfalls Verständnis[7a]. Immer schwerer fällt es ihnen, ihre Aufgaben zu erfüllen. Krankenpflege und Fürsorgearbeit kann Arbeitszeitverkürzungen oder Urlaubsverlängerungen nicht durch Rationalisierung Rechnung tragen. Das Sozialmodell unseres Arbeitsrechts hat die gerechte Verteilung des Produktionserfolges auf Arbeit und Kapital vor Augen; der Verteilung der Lasten des Dienstes am Kranken schenkt es viel weniger Aufmerksamkeit.

---

[5] Darüber *Trieschmann*, RdA 1955, 52 ff. und 458 ff.; *v. Maltzahn*, RdA 1955, 454 ff.; *Molitor*, bei *Kuhns*, Das gesamte Recht der Heilberufe (1958); Festschr. *A. Hueck* (1959) 93 ff.; *Savaète*, ArbuR 1959, 5 ff.; *v. Rehren*, Die arbeitsrechtliche Stellung von Krankenschwestern, Hamburger Diss. (1960); *Girgensohn*, Die arbeitsrechtliche Stellung der Krankenschwestern, Kölner Diss. (1962).

[6] Vgl. den Antrag der Fraktionen der CDU/CSU und FDP, Dt. Bundestag, 4. Wahlperiode, Drucksache IV/986, mit dem Entwurf eines Gesetzes zur Förderung eines freiwilligen Jahres; der Antrag sieht zwar Maßnahmen für einen sozialversicherungsrechtlichen Schutz vor, trägt aber nichts zur arbeitsrechtlichen Qualifikation des freiwilligen sozialen Dienstes bei. Der unter anderem ein Taschengeld zubilligende § 6 wäre durch eine solche klarstellende Qualifikation zu ergänzen.

[7] Vgl. für den kirchlichen Bereich VG Kassel (U. v. 20. 9. 1951) Kirch E 1, 185 ff.; LAG Kiel (U. v. 14. 11. 1951) Kirch E 1, 191 ff.; AP Nr. 4 zu § 5 ArbGG; VG Hannover (U. v. 17. 1. 1963) NJW 1963, II 2388 f.; für die Krankenschwestern AP Nr. 1 und Nr. 5 zu § 5 ArbGG; AP Nr. 1 zu § 618 BGB.

[7a] Vgl. *Trüb*, in: Das öffentliche Gesundheitswesen (hg. Daniels u. a.) II A (1964), 157 f.

So steht hier Not gegen Not. Und es sei offen gesagt: Es ist eine Schande für unsere Wohlstandsgesellschaft, daß sie gerade jenen unwürdige Bedingungen aufnötigt, die sich um Hilfe für die bemühen, die am Wohlstand keinen Anteil haben. Das krasse Schwarz-Weiß des Bildes vom reichen Prasser und vom armen Lazarus (Lk. 16, 19) wirkt da gar nicht übertrieben; ihm eignet vielmehr die Präzision eines photographischen Dokumentes.

Echte Problemlösungen können daher nur durch eine Korrektur der Verteilungsverhältnisse gelingen. Sie liegen also im Bereich der Sozialreform, der Rechtspolitik. Rechtstechnisch bieten sich zwei Wege an: 1. Den Institutionen des religiös-karitativen Arbeitsbereiches werden Mittel zugeführt, die reichlich genug sind, um ihren Beschäftigten den Status hochqualifizierter, gut entlohnter und sozial voll gesicherter Arbeitnehmer zu geben. 2. Die gebührende Stellung der religiös-karitativ Tätigen wird nicht mit den Mitteln des Arbeitsrechts, sondern durch Ausbildung spezifischer Rechtsformen — etwa unter Verwendung der Rechtsfigur der Mitgliedschaft — erreicht.

Ob man den einen oder den anderen Weg wählt, hängt vor allem von der Bewertung der Tauglichkeit der Ordnungsprinzipien des Arbeitsrechts ab. Soweit diese einen Interessengegensatz zwischen Arbeitgeber und Arbeitnehmer präsumieren, werden sie im religiös-karitativen Tätigkeitsbereich nicht als passend angesehen werden, ja manchmal sogar zur Entstehung derartiger Gegensätze beitragen. Doch wäre es gefährlich, eine totale Interessenharmonie vorauszusetzen, wenn diese in Wahrheit doch nicht besteht. Das Arbeitsrecht totalitärer Staaten mag hier als abschreckendes Beispiel dienen. Auch sollte nicht übersehen werden, daß sich im Arbeitsrecht, insbesondere im Anschluß an die Lehre vom personenrechtlichen Gemeinschaftsverhältnis, reichlich Ansätze zur Überwindung eines starren Interessenantagonismus finden. Daher möchte ich die potentielle Eignung des Arbeitsrechts zur Ordnung der religiös-karitativ akzentuierten Beschäftigungen durchaus bejahen.

Andererseits wäre es jedoch verfehlt, ausschließliche Eignung des Arbeitsrechts zur Regelung religiös-karitativer Arbeit zu behaupten. Namentlich im Rahmen geschlossener Lebensordnungen, wie wir sie bei kirchlichen Gemeinschaften antreffen, kann durch Autonomie eine andersartige, aber gleichwertige Problemlösung gewonnen werden. Ob auch ohne solche Verankerung im Religiösen, nur auf ethisch-humanitärer Basis ebenfalls Gemeinschaften von einer den Bedarf nach Arbeitsrecht erübrigenden Geschlossenheit gelingen können, scheint mir weniger sicher. Der Anspruch mancher weltlicher Schwesternschaften, ihrerseits durch Satzung objektives Recht zu gestalten, bedarf nicht nur der dogmatischen Deckung

Schon dieser Abriß der Disposition unserer Untersuchung zeigt, daß wir uns auf eine normative Betrachtung beschränken. Dem von Rechts wegen Gesollten, nicht dem tatsächlich Geübten gilt das Interesse. Analysen der inneren Verhältnisse von Institutionen, die sich mit sozial-karitativer Arbeit befassen, unterbleiben daher. Dies geschieht schon wegen der geringen normativen Bedeutung der Ergebnisse solcher Analysen; leider tritt die Weigerung mancher Institutionen, Einblick in ihre innere Ordnung zu gewähren, als weiterer Grund für die Beschränkung auf normative Aspekte hinzu. Der Versuch einiger sozial-karitativ ausgerichteter Institutionen, eine Art von Arkandisziplin auszubilden, indiziert übrigens eine wichtige Voraussetzung jeder Zulassung autonomer Gestaltungen an Stelle des staatlichen Arbeitsrechts: Die Eigenschaft der Publizität muß auch autonome Ordnungen auszeichnen; jeder Ansatz zur Verheimlichung einer internen Ordnung schließt deren Rechtserheblichkeit aus.

A. Sondergesetzliche Arbeitnehmerbegriffe:

a) Zur Problematik von Sondergesetzen

Als sich die spezifischen Fragestellungen des modernen Arbeitsrechts in der 2. Hälfte des 19. Jahrhunderts auszuprägen begannen, boten sich vier Wege der Problemlösung an[1]:

1. Richterliche Freiheit von Fall zu Fall, wie sie etwa der Freirechtsschule vorschwebte[2].
2. Ein mehr auf Rechtssicherheit denn auf Fallgerechtigkeit zielendes Richterrecht, das sich nach dem Vorbild anglo-amerikanischer leading cases an Präjudizien gehalten hätte.
3. Sondergesetzliche Lösungsversuche.
4. Eine kodifikatorische Ordnung.

Wären damals die Gerichte schon in jenem Maß zur Teilnahme an der Rechtsfortbildung bereit gewesen, das heute die Arbeitsgerichtsbarkeit auszeichnet[3], hätten richterrechtlich konzipierte Ordnungsversuche eine Chance gehabt. Da diese Bereitschaft zunächst fehlte, war es der Gesetzgeber, der gestaltend tätig wurde. Das Streben, durch Arbeiterschutz den Bestand der Gesellschaftsordnung zu sichern, ließ viele Sondergesetze ent-

---

[1] Vgl. *Mayer-Maly*, RdA 1964, 1.

[2] Vgl. neuestens G. *Böhmer*, Festschrift Dölle I (1963), 3 ff.

[3] Kritisch dazu *Ramm*, ArbuR 1963, 353 ff.; *Wieacker*, JZ 1963, 156 f. Doch gilt es, der durch § 45 II ArbGG herausgestellten Eigenart der Arbeitsgerichtsbarkeit gerecht zu werden; treffend daher *Dietz*, RdA 1963, 364.

stehen. Versuche, diese teils sammelnd und ordnend, teils reformierend in einer Kodifikation zu integrieren, blieben bisher immer erfolglos[4].

Daher rührt es, daß die Vorzüge und Nachteile jeder Regelung durch ein Bündel von Sondergesetzen den gegenwärtigen Stand des deutschen Arbeitsrechts charakterisieren. Zu den Vorzügen aller spezialgesetzlichen Regelung zählt ihre relative Fallgerechtigkeit. Stärker als jede Kodifikation, die notwendig abstrahierend-generalisierenden Tendenzen Raum gibt, kann das Sondergesetz der Eigenart einer Problematik Rechnung tragen. Erkauft wird dies durch das Risiko überflüssiger Differenzierungen[5], vor allem aber durch den Verlust der Übersichtlichkeit des Rechts. Hält man sich die Bedeutung der Zumutbarkeit von Rechtskenntnis[6] für die Legitimation des Prinzips, daß Rechtsunkenntnis nicht entschuldige, vor Augen, so muß man sagen: Der Preis ist zu hoch[7].

Die Relevanz der Erwerbsabsicht für den Arbeitnehmerbegriff zeigt die Gefahren der Entstehung eines Bündels reichlich heterogener Sondergesetze besonders deutlich. Immer wieder steht man vor der Frage, ob ein von einem Gesetz ausgesprochener Rechtsgedanke auch für andere Gesetze oder gar allgemein für das ganze Arbeitsrecht Beachtung verdient. Wir stoßen ja auf viele arbeitsrechtliche Sondergesetze, die den von ihnen erfaßten Beschäftigtenkreis überhaupt nicht näher begrenzen oder bei der Abgrenzung bloß einige Kategorien des allgemeinen Arbeitsrechts voraussetzen, ohne diese zu präzisieren.

b) Voraussetzung des Begriffes „Arbeitnehmer“

Ein lehrreiches Beispiel für ein den Arbeitnehmerbegriff einfach voraussetzendes Sondergesetz bietet das KSchG. Sein § 1 I bestimmt bekanntlich, daß eine Kündigung des Arbeitsverhältnisses gegenüber „einem Arbeitnehmer, der länger als sechs Monate ohne Unterbrechung in demselben Betrieb oder Unternehmen beschäftigt ist und das 20. Lebensjahr vollendet hat“, rechtsunwirksam ist, wenn sie sozial ungerechtfertigt ist. Der so als bekannt vorausgesetzte Begriff des Arbeitnehmers wird daher nur durch das Erfordernis der längeren Betriebszugehörigkeit und — leider! — des Mindestalters[8] sondergesetzlich modifiziert. Im übrigen kommt es

---

[4] Über die gegenwärtig wirksamen Bestrebungen *Herschel*, Betrieb 1959, 1440 ff.; *Schelp*, RdA 1960, 127 ff.; *Erdsiek*, NJW 1961, 647 ff.; *Schelp*, RdA 1962, 89 ff.

[5] Vgl. zur Zeitrechnung im Arbeitsrecht *Gschnitzer*, DRdA — Februar 1954 (10. Heft), 3 ff.

[6] Dazu eindrucksvoll *Schwind*, ÖJZ 1951, 369 ff.

[7] Vgl. *Mayer-Maly*, RdA 1964, 2.

[8] Nach Art. 7 § 23 Nr. 1 des Gesetzes Nr. 628 zur Einführung des AVAVG im Saarland (18. 6. 1958, Abl. S. 1249) beträgt dort das Mindestalter für den Kündigungsschutz 18 vollendete Lebensjahre.

darauf an, wer „im Sinne des allgemeinen Arbeitsrechts“[9] als Arbeitnehmer gilt. Die Problematik dieser Voraussetzung eines allgemein arbeitsrechtlichen Arbeitnehmerbegriffes liegt darin, daß dieser gar nicht zweifelsfrei feststeht[10]. So übertragen *A. Hueck, Auffahrt-Müller* und *Herschel-Steinmann* die in § 4 II d BetrVG statuierten Ausnahmen vom betriebsverfassungsrechtlichen Arbeitnehmerbegriff auf das KSchG[11]. Anders als *Dersch*[12] erblicken sie in diesen Ausnahmen einen allgemeinen Rechtsgedanken. Doch auch unter denen, die einen solchen allgemeinen Rechtsgedanken bejahen, herrscht Uneinigkeit. Diese hängt nicht nur mit der Diskussion über die Rechtsstellung der Schwestern vom Deutschen Roten Kreuz zusammen[13], sie erfaßt auch die Behandlung der durch Beweggründe künstlerischer oder wissenschaftlicher Art bestimmten Beschäftigungen[14].

Wird statt eines allgemein arbeitsrechtlichen Arbeitnehmerbegriffs der Begriff des Arbeitsverhältnisses von einem Sondergesetz vorausgesetzt, liegen die Dinge nicht anders. So übernimmt eine Regelung wie § 1 MuSchG („Dieses Gesetz gilt a) für Frauen, die in einem Arbeits-

---

[9] So *Auffahrt-Müller,* KSchG (1960) 65; ähnlich *A. Hueck,* KSchG[4] (1961) 46. Versuche, nicht auf einen allgemein arbeitsrechtlichen Arbeitnehmerbegriff zurückzugreifen, sondern aus Struktur und Teleologie des KSchG einen diesem eigentümlichen Arbeitnehmerbegriff zu entwickeln, sind bisher unterblieben. Sie wären meines Erachtens höchst bedenklich, da jeder Rechtsbegriff im Zweifel so zu verstehen ist, wie er in den grundlegenden Aussagen der Gesamtrechtsordnung konzipiert wird. — Eine Beurteilung des bloß vorausgesetzten Arbeitnehmerbegriffes nach allgemein arbeitsrechtlichen Grundsätzen fordert die Amtliche Begründung zu § 1 ArbnErfG; vgl. *Volmer,* ArbnErfG (1958) 63; *Volmer* a.a.O. 70 belegt die praktische Bedeutung der Frage durch den Hinweis auf die Erfindung des „Ozalid“ durch einen Mönch. Reichlich ungenau sagt er ferner, daß „Ordensangehörige (z. B. [!] Schwestern des Roten Kreuzes ...)“ nicht als Arbeitnehmer gelten.

[10] Kennzeichnend *A. Hueck* a.a.O. (über den Arbeitnehmerbegriff): „Er ist demgemäß in dem Sinn zu verstehen, wie er im allgemeinen im Arbeitsrecht üblich ist. Allerdings ist dieser Begriff nicht unbestritten.“ Sorgloser äußert sich *Kötter,* Mitbestimmungsrecht (1952) 10: „Arbeitnehmer sind die Arbeiter und die Angestellten. Der Begriff ist im Arbeitsrecht seit langem geklärt.“

[11] *A. Hueck,* KSchG[4] (1961) 50; *Auffahrt-Müller,* KSchG (1960) 71; *Herschel-Steinmann*[5] (1961) 71.

[12] AR-Blattei, Arbeitnehmer I, 2. Forts.-Blatt.

[13] *Herschel-Steinmann* a.a.O., verneinen, *Auffahrt-Müller* a.a.O. bejahen die Arbeitnehmereigenschaft der Rot-Kreuz-Schwestern.

[14] Anders als *A. Hueck* und *Auffarth-Müller* a.a.O. nehmen *Herschel-Steinmann* auch die zwar seinerzeit durch § 10 BRG, nun aber nicht mehr durch § 4 II d BetrVG erfaßten Beschäftigungen aus Beweggründen künstlerischer und wissenschaftlicher Art vom Arbeitnehmerbegriff aus. Die Lehre, aus betriebsverfassungsrechtlicher Sonderstellung könne ein allgemein arbeitsrechtlicher Rechtsgedanke abgeleitet werden, gerät eben bei jeder Modifikation ihres sondergesetzlichen Ansatzpunktes in Schwierigkeiten.

verhältnis stehen") alle Probleme, die das allgemeine Arbeitsrecht aufwirft. Wiederum geht es um die Stellung der Schwestern des Deutschen Roten Kreuzes[15], um Beschäftigungen künstlerischer und wissenschaftlicher Art[16]. Das Kindergeldgesetz stellt in § 2 II ähnlich wie das MuSchG auf die Beschäftigung auf Grund eines Arbeitsverhältnisses ab[17]. Ein Arbeitsverhältnis oder eine der Arbeitsleistung in einem Arbeitsverhältnis ähnliche Tätigkeit setzt § 1 I des Gesetzes über die Durchführung des Arbeitsschutzes (GVBl. 1953, 231) voraus.

c) Die Voraussetzung von drei Arbeitnehmerarten

Den Anschein einer gewissen Präzisierung ihres Arbeitnehmerbegriffes erwecken mehrere Sondergesetze, so das BUrlG und das ArbGG, aber auch das BetrVG dadurch, daß sie drei Arbeitnehmergruppen unterscheiden: Arbeiter, Angestellte und zu ihrer Berufsausbildung Beschäftigte. Das BUrlG und das ArbGG beziehen noch jene Personen in den Arbeitnehmerbegriff ein, die „wegen ihrer wirtschaftlichen Unselbständigkeit als arbeitnehmerähnliche Personen anzusehen sind[18]". Dagegen werden diese arbeitnehmerähnlichen Personen vom BetrVG nicht erfaßt; dieses will eben mehr der persönlichen als der wirtschaftlichen Abhängigkeit des Beschäftigten Rechnung tragen[19].

Anders als das BetrVG geben aber das BUrlG und das ArbGG keine weiteren Anhaltspunkte für die Abgrenzung des Arbeitnehmerbegriffes. *Dersch-Neumann*[20] sehen ganz richtig, daß daher die Unterscheidung von drei Arbeitnehmerarten keine nennenswerte Bedeutung erlangt. Sie bildet „nur die Klarstellung, daß diese Gruppen, die gemeinhin auch im Arbeits-

---

[15] *Bulla*, MuSchG (1954) 66 nimmt sie — im Gegensatz zu den Lernschwestern — vom Geltungsbereich des MuSchG aus.

[16] Ähnlich wie *Herschel-Steinmann* a.a.O. zum KSchG, hält hier *Bulla* a.a.O. 67 am Konzept des § 10 BRG fest; doch macht er immerhin den Vorbehalt, es sei im Einzelfall zu prüfen, ob das zu Studienzwecken eingegangene Arbeitsverhältnis nicht doch „die Voraussetzungen eines echten Arbeitsverhältnisses voll erfüllt".

[17] *Lauterbach-Wickenhagen*, Die Kindergeldgesetzgebung² Anm. 18 zu § 2 KGG wollen den Anspruch auf Kindergeld auch dem geben, der eine Arbeit „aus ideellen Beweggründen unentgeltlich leistet".

[18] § 2 BUrlG; § 5 ArbGG; vgl. auch § 1 lit b HausArbTG Hamburg.

[19] *Fitting-Kraegeloh-Auffarth*, BetrVG⁶ (1962) 66 betonen die Freiheit der Arbeitseinteilung bei den nur arbeitnehmerähnlichen Personen. Auch das KSchG erfaßt die arbeitnehmerähnlichen Personen nicht, vgl. *Herschel-Steinmann*⁵ (1961) 69; *A. Hueck*, KSchG⁴ (1961) 49.

[20] BUrlG³ (1963) 84; zu § 5 ArbGG sagt *G. Hueck* in *Hueck-Nipperdey*, Lehrbuch des Arbeitsrechts I⁷ (1963), 841, A. 22 mit Recht, die Vorschrift enthalte „keine wirkliche Begriffsbestimmung".

recht als Arbeitnehmer angesehen werden, auch Arbeitnehmer im Sinne dieses Gesetzes sind". Wiederum stellt sich die Frage nach der Rechtsstellung von Krankenschwestern[21], alle übrigen Probleme des allgemein arbeitsrechtlichen Arbeitnehmerbegriffes kehren wieder[22]. Es ist daher kein Zufall, daß es meistens um § 5 ArbGG ging, wenn die Rechtsstellung von Rot-Kreuz-Schwestern zur Diskussion stand[23]. Dies zeigt deutlich, daß mit sondergesetzlicher Abgrenzung des Arbeitnehmerbegriffes (und damit für eine Klarstellung des Geltungsbereiches eines Sondergesetzes) nichts gewonnen wird, wenn keine präziseren Kriterien, insbesondere über die Relevanz der Erwerbsabsicht des Beschäftigten, geboten werden.

d) Sondergesetzliche Berücksichtigung der Erwerbsabsicht

Während, wie wir soeben gesehen haben, die bloße Aufgliederung der Arbeitnehmer in Arbeiter, Angestellte und zur Berufsausbildung Beschäftigte die sondergesetzliche Regelung nie von den Problemen und Streitfragen des allgemeinen Arbeitnehmerbegriffes zu lösen vermag, gewinnen jene Sondergesetze, die Fälle eines typischen Zurücktretens der Erwerbsabsicht erfassen, schärfere Konturen. Dabei kommt es durchwegs auf die Person des Arbeitnehmers an. Erwerbsstreben der Arbeitgeber bleibt irrelevant. In § 1 AZO wird das besonders deutlich: Auch wenn ein Betrieb „nicht mit der Absicht der Gewinnerzielung betrieben" wird, fällt er unter die AZO. Trotz dieser ausdrücklich erklärten Irrelevanz des Gewinnstrebens auf Arbeitgeberseite nimmt die Lehre einmütig die Arbeit im Familienverband und die Arbeit auf Grund religiöser Gelöbnisse vom Anwendungsbereich der AZO aus[24]. Für die Arbeitnehmerseite gelten eben andere Grundsätze als für die Arbeitgeberseite; dies ist im Hinblick auf die Lehre von *Nikisch*[25] über die Rechtsstellung der Rot-Kreuz-

[21] *Dersch-Neumann* a.a.O. 91 wenden das BUrlG zwar nicht auf Rot-Kreuz-Schwestern, wohl aber auf Lern- und Gastschwestern an, die sie zu den arbeitnehmerähnlichen Personen rechnen. Für Arbeitnehmerähnlichkeit von Diakonissen RAGE 12, 118; gegen Arbeitnehmerähnlichkeit von beschäftigten Insassen von Heilanstalten LAG Berlin 15. 10. 1959, 2 SHa 71/59, Entscheidungskalender — Berliner Arbeits- und Sozialrecht 18, 777 f.

[22] Vgl. *Dersch-Volkmar*, ArbGG[6] (1955) 218, die eine Übertragung der Ausnahmen von § 4 II BetrVG ablehnen und die Zuständigkeit der Arbeitsgerichte in der Regel wegen Arbeitnehmerähnlichkeit der in § 4 II BetrVG Genannten bejahen wollen. Zu § 2 BUrlG meint *Herbst* bei *Schelp-Herbst*, BUrlG (1963) 47, es sei unerheblich, daß das BUrlG nicht wie das BetrVG diesen (d. h.: in § 4 II d BetrVG genannten) Personenkreis ausdrücklich ausschließt.

[23] Vgl. AP Nr. 1 und Nr. 5 zu § 5 ArbGG, beide die Arbeitnehmereigenschaft verneinend.

[24] Vgl. statt aller *Denecke*, AZO[5] (1961) 60 f.

[25] Festschrift *Hueck* (1959) 1 ff.

Schwestern besonders zu beachten, da dies gegen eine Orientierung an Zielsetzungen von Schwesternorganisationen spricht.

Ob die Erwerbsabsicht vom Recht schon in all ihrer Subjektivität oder nur in Objektivierungen erfaßt wird, sei hier noch dahingestellt. Diese Frage kann nur durch eine eingehendere Analyse des normativen Gehaltes von § 4 II BetrVG und der damit verwandten Bestimmungen geklärt werden. Ehe aber diese Prüfung einsetzt, ist es geboten, einen Überblick über alle jene Vorschriften zu gewinnen, die der Erwerbsabsicht und ihren Konsequenzen Bedeutung einräumen.

Neben § 4 II d und e BetrVG und dem nicht völlig analogen § 3 III PersVG sind hier auch § 5 II f und g Schwerbeschädigtengesetz (SchwBG), § 15 II des Gesetzes über die Errichtung einer Arbeiterkammer für das Saarland (in der Fassung v. 15. 11. 1960, ABl. 1960, 879), § 3 V Z. 2 des Gesetzes über die Arbeitnehmerkammern im Lande Bremen (v. 3. 7. 1956, GBl. 1956, 79) und § 1 II Z. 1 JASchG. zu nennen. Die in § 4 II d und e verankerten Ausnahmen vom betriebsverfassungsrechtlichen Arbeitnehmerbegriff erweisen sich so als Zentrum eines Komplexes die Erwerbsabsicht oder ihre Auswirkungen ausdrücklich erfassender Bestimmungen. Dabei variiert die Intensität der Parallele zum betriebsverfassungsrechtlichen Modell. Die Regelung des SchwBG[26] gleicht in den Tatbestandsvoraussetzungen dem BetrVG aufs Haar, nur in den Funktionen stoßen wir auf einen Unterschied: Die Beschäftigungen mit zurücktretender Erwerbsdienlichkeit werden im SchwBG aus dem Kreis der eine Einstellungspflicht begründenden Arbeitsplätze ausgeschlossen. Bei engerer Verwandtschaft mit der Funktion des § 4 II BetrVG weichen die Gesetze über Arbeiterkammern von der Auswahl der ideellen Beweggründe des § 4 II d BetrVG ab. Das saarländische Gesetz nennt alle vier ideellen Beweggründe, die seinerzeit von § 10 II Z. 2 BRG erfaßt worden waren, das Gesetz Bremens läßt zwar die Beweggründe wissenschaftlicher Art fallen, hält aber an der vom BetrVG gleichfalls aufgegebenen Ausnahme für Beweggründe künstlerischer Art fest.

Wieder anders weicht § 3 III PersVG von § 4 II BetrVG ab. Die Bestimmung gibt, wie noch eingehender darzulegen sein wird, das Kriterium der primären Erwerbsdienlichkeit auf.

---

[26] Zu ihr etwa *Becker-Mikoleit,* SchwBG² (1962) 150 f., die Schwestern des Caritas-Verbandes, der Inneren Mission, des Deutschen Roten Kreuzes, des Bundes freier Schwestern, der Arbeiterwohlfahrt und des neuen Reichsbundes freier Schwestern zu den Arbeitnehmern rechnen wollen. Anders nun *Wilrodt-Neumann,* SchwBG² (1964) 147, die Rote-Kreuz-Schwestern nicht als Arbeitnehmer zählen; freie Krankenschwestern werden dagegen auch nach ihnen als Arbeitsplätze angerechnet. Der Zusammenhang des Arbeitnehmerbegriffes des Schwerbeschädigtenrechts mit dem betriebsverfassungsrechtlichen Arbeitnehmerbegriff wurde schon im Bescheid des Reichsarbeitsministers v. 26. 5. 1921, RABl. I 1921, S. 667 beachtet.

§ 1 II Z. 1 JASchG hat mit § 4 II BetrVG noch viel weniger gemein. Die Bestimmung[27] lautet: „Ausgenommen ist 1. eine Beschäftigung, mit der überwiegend Zwecke der Erziehung, der Heilung oder des Schulunterrichts verfolgt werden." Ähnlich wie nach § 4 II e BetrVG dominiert die Zielsetzung des Beschäftigen nicht; sie wird vielmehr mit der Ausrichtung einer Institution verflochten und gerät so in Zusammenhang mit der Erfassung von pädagogischen Tendenzen durch § 81 BetrVG. Da es auf Zweckverfolgung und nicht auf Bestimmung durch Beweggründe ankommt, ist für subjektiv orientierte Kriterien wenig Raum.

Einer vom Quantitativen ins Qualitative umschlagenden Potenzierung der Relevanz des Erwerbsstrebens begegnen wir dann, wenn ein Sondergesetz nur bei entgeltlicher Beschäftigung die Arbeitnehmereigenschaft bejaht. Dies ist beim Heimarbeiter der Fall, da nach § 2 I HeimArbG nur der, der gewerblich arbeitet, als Heimarbeiter gelten kann. § 1 I des 1. Teilentwurfs der österreichischen Arbeitsrechtskodifikation[28] dokumentiert die Möglichkeiten der Verallgemeinerung solcher Konzeption zu wesentlicher Entgeltlichkeit des Arbeitsverhältnisses[29].

e) Arbeitnehmerbegriff und Beschäftigungsverhältnis

Der Grundtatbestand des Arbeitsrechts ist von dem des Sozialversicherungsrechts verschieden. Das Arbeitsrecht setzt ein Arbeitsverhältnis, nach herrschender Lehre auch einen Arbeitsvertrag voraus. Das Sozialversicherungsrecht dagegen knüpft an ein Beschäftigungsverhältnis an, dem trotz häufiger Konvergenz mit einem Arbeitsverhältnis dogmatische Eigenständigkeit zukommt[30]. Zieht man im Arbeitsrecht die Eingliederungstheorie vor, so kann man zwar eine Annäherung von Arbeitsverhältnis und Beschäftigungsverhältnis erreichen[31], eine völlige Angleichung der beiden Grundtatbestände bereitet aber auch dann erhebliche Schwierigkeiten[32]. Arbeitsverhältnisse außerhalb der Versicherungspflicht können

[27] Zu ihr besonders *Molitor-Volmer*, JASchG (1961) 80 f.; *Herschel-Stephany*, JASchG (1963) 27 f.

[28] RdA 1960, 448; dazu kritisch *Mayer-Maly*, JZ 1961, 557.

[29] Für das deutsche Recht behauptet bekanntlich *Schnorr v. Carolsfeld*, Arbeitsrecht[2] (1954) 9, wesentliche Entgeltlichkeit aller Arbeitsverhältnisse; wesentliche Entgeltlichkeit des BGB-Dienstvertrages lehren *Enneccerus-Lehmann*, Lehrb. d. bürg. Rechts[15] (1958) 605; *Esser*, Schuldrecht[2] (1960) 576; *Larenz*, Lehrb. d. Schuldrechts II[6] (1964) 186.

[30] Zur Dogmatik des Beschäftigungsverhältnisses nun vor allem *Riechels*, Ztschr. f. Sozialreform 1962, 1 ff.; 74 ff.; 144 ff.; 194 ff. usw. (in Fortsetzungen).

[31] Aufschlußreich das Erkenntnis des österreichischen Verwaltungsgerichtshofs v. 4. 12. 1957, Jur. Blätter 1958, 415 ff., das (S. 416) die Eingliederungstheorie am Beschäftigungsverhältnis „erprobt".

[32] Vgl. aus der Diskussion vor § 4 II des österreichischen Allgemeinen Sozialversicherungsgesetzes *Butschek*, Das Dienstverhältnis als Grundlage der Versiche-

ebensowenig eliminiert werden wie Beschäftigungsverhältnisse ohne Arbeitnehmer: Zu disparat sind die für die Begriffsbildung ausschlaggebenden Rechtsfolgen. Doch darüber darf die Vielfalt der Beziehungen zwischen den Grundtatbeständen der beiden Hauptarten des sozialen Problemen gewidmeten Rechts nicht vernachlässigt werden. Nun erhebt sich insbesondere angesichts des § 5 BetrVG die Frage, ob nicht gerade die Berücksichtigung ideeller Motive durch Arbeitnehmerbegriffe eine engere Beziehung zwischen Arbeits- und Beschäftigungsverhältnis[33] zum Ausdruck bringt.

§ 5 BetrVG enthält Legaldefinitionen der Begriffe „Arbeiter" und „Angestellte", die auf sozialversicherungsrechtliche Abgrenzungen verweisen. Die geringe definitionstechnische Qualität dieser Aussagen, die nur vordergründige Anhaltspunkte geben[34], spielt in unserem Zusammenhang keine Rolle. Es geht ja lediglich darum, ob die Anerkennung oder Verneinung eines sozialversicherungsrechtlichen Beschäftigungsverhältnisses geeignet ist, arbeitsrechtliche Arbeitnehmerbegriffe zu gestalten. § 5 I BetrVG bestimmt nämlich, daß im Sinne des BetrVG der als Arbeiter gilt, der eine invalidenversicherungsrechtliche Beschäftigung ausübt, auch wenn der Beschäftigte selbst nicht versicherungspflichtig ist. In entsprechender Weise stellt § 5 II BetrVG für den Angestelltenbegriff auf das AngVG (nunmehr §§ 2 und 3) ab. Auch § 1 des Gesetzes über die Fristen für die Kündigung von Angestellten zieht die potentielle Versicherungspflicht zur Abgrenzung seines Anwendungsbereiches heran. Nun enthalten § 1227 I Z. 5 RVO und § 2 I Z. 7 AngVG die Bestimmung, daß

> „Mitglieder geistlicher Genossenschaften, Diakonissen, Schwestern vom Deutschen Roten Kreuz und Angehörige ähnlicher Gemeinschaften, die sich aus überwiegend religiösen oder sittlichen Beweggründen mit Krankenpflege, Unterricht oder anderen gemeinnützigen Tätigkeiten beschäftigen, ... wenn sie persönlich nach der Ausbildung neben dem freien Unterhalt Barbezüge von mehr als 75 DM monatlich erhalten".

versichert werden[35]. Wir haben also einen guten Teil jener Personen vor uns, bei denen das Zurücktreten der Erwerbsabsicht so große arbeits-

---

rungspflicht (1955), der sich S. 34 ff. auch mit dem Beschäftigungsverhältnis der RVO auseinandersetzt, und *Floretta*, DRdA März 1955 (16. Heft), 17 ff. Gegen beide Befürworter einer Angleichung der arbeits- und sozialversicherungsrechtlichen Grundtatbestände *Mayer-Maly*, DRdA 1956, 21 ff.

[33] Zu den schon gegebenen praktischen Verflechtungen besonders *Dersch*, Die Arbeiterversorgung 1938, 505 ff.; vgl. auch *Riechels*, a.a.O. 197 f.

[34] Vgl. *Fitting-Kraegeloh-Auffarth*, BetrVG[6] (1962) 77.

[35] Der Referentenentwurf (des Bundesministeriums für Arbeit und Sozialordnung) zur Neuregelung des Rechts der sozialen Krankenversicherung sieht als Neufassung des § 167, Z. 13 RVO vor: „(Versicherungsfrei sind) Mitglieder geistlicher Genossenschaften, Diakonissen, Schwestern vom Deutschen Roten Kreuz, Schulschwestern und ähnliche Personen, wenn sie sich mit Krankenpflege, Unterricht oder anderen gemeinnützigen Tätigkeiten beschäftigen und von ihrer

Zum andern ist zweifelhaft, ob § 5 BetrVG überhaupt der Abgrenzung des betriebsverfassungsrechtlichen Arbeitnehmerbegriffes dienen soll. Die Bestimmung könnte ja auch allein als Kriterium der betriebsverfassungsrechtlichen Grenzziehung zwischen Arbeitern und Angestellten sinnvoll gedeutet werden. Nicht der über § 5 BetrVG relevante § 1227 RVO bildet demnach eine Voraussetzung des § 4 BetrVG, sondern die Abgrenzung durch § 4 BetrVG erscheint als Prämisse der Unterscheidung in § 5 BetrVG. Für diese letztere Eventualität spricht die Entstehungsgeschichte des § 5 BetrVG: Das BRG stellte ja nur für den Angestelltenbegriff auf sozialversicherungsrechtliche Kategorien ab (§ 12), den Arbeiterbegriff entnahm es in § 11 dem allgemeinen Arbeitsrecht, da es alle „im Dienste anderer gegen Entgelt ... beschäftigten Personen" als Arbeiter ansah. Daher konnte die Arbeitnehmereigenschaft nicht aus der Arbeitereigenschaft abgeleitet werden. Vielmehr war von der durch § 10 BRG umrissenen Arbeitnehmereigenschaft auszugehen: „Wo die Arbeitnehmereigenschaft (§ 10) feststeht, die Angestellteneigenschaft nach § 12 aber zu verneinen ist, liegt Arbeitereigenschaft vor[36]."

Demnach erscheint es mir richtig, in § 5 BetrVG keine Konstituante des betriebsverfassungsrechtlichen Arbeitnehmerbegriffes zu sehen. Die Funktion der Orientierung an den Kriterien der Versicherungspflicht erschöpft sich in der Unterscheidung zwischen den zwei betriebsverfassungsrechtlichen Hauptgruppen der Arbeitnehmerschaft, den Arbeitern und den Angestellten. Zunächst ist daher im Hinblick auf § 4 BetrVG zu prüfen, ob jemand Arbeitnehmer im Sinne des BetrVG ist, dann erst kann untersucht werden, ob er die betriebsverfassungsrechtliche Stellung eines Arbeiters oder eines Angestellten hat.

B. Die Relevanz ideeller Arbeitsmotive im Betriebsverfassungs- und Personalvertretungsrecht:

a) Schlüsse aus der Entstehungsgeschichte des § 10 BRG

Vor allem im Bereich des Betriebsverfassungs- und Personalvertretungsrechts stoßen wir auf jene gesetzlichen Bestimmungen, die erwerbsdienliche und anders motivierte Beschäftigungen ausdrücklich konfrontieren. Schon wegen der so häufigen Versuche, aus diesen Bestimmungen eine allgemein-arbeitsrechtliche Maxime abzuleiten[1], ist es geboten, den Sinngehalt dieser Normen eingehend zu untersuchen.

---

[36] *Flatow-Kahn-Freund*, Betriebsrätegesetz[13] (1931) 97.

[1] Vgl. etwa *Nikisch*, Festschrift Hueck (1959) 4 f.

Die betriebsverfassungsrechtliche Sonderstellung religiöser und karitativer Beweggründe geht auf das Betriebsrätegesetz vom 4. 2. 1920 (BRG) zurück. Dessen § 10, Abs. 2 lautet[2]: „Nicht als Arbeitnehmer gelten

1. die öffentlichen Beamten und Beamtenanwärter,

2. Personen, deren Beschäftigung nicht in erster Linie ihrem Erwerb dient, sondern mehr durch Rücksichten der körperlichen Heilung, der Wiedereingewöhnung, der sittlichen Besserung oder durch Beweggründe karitativer, religiöser, wissenschaftlicher oder künstlerischer Art bestimmt wird."

In dem 1919 der Verfassunggebenden Deutschen Nationalversammlung vorgelegten Entwurf eines „Gesetzes über Betriebsräte" war noch keine besondere Behandlung solcher Motive vorgesehen. Erst im Ausschuß für soziale Angelegenheiten kam es zu einer entsprechenden Anregung[3]. Den Anstoß gab wohl die Frage, was für die Bethelschen Anstalten gelten sollte, in denen sich „Wandelnde Brüder" befanden, die dort geheilt werden sollten, aber teilweise zugleich gegen Entgelt beschäftigt wurden[4]. Aus der Sicht des BetrVG kann daher gesagt werden, daß dem Anliegen des § 4 II e BetrVG vor dem des § 4 II d Rechnung getragen wurde. Doch das gilt nur retrospektiv, bei der Arbeit am BRG behandelte man die beiden Ausnahmetatbestände noch gemeinsam. Der oben erwähnte Antrag stellte zunächst ganz auf das Fehlen einer Erwerbstendenz des Unternehmens ab. In der Redaktionskommission des Ausschusses bevorzugte man dann jedoch eine am Erwerb des Beschäftigten ausgerichtete Fassung. Wie *Flatow-Kahn-Freund*[5] treffend bemerken, liegt darin eine sachliche Änderung. Deren volle Bedeutung erhellt erst jetzt, da der eingehende und wirkungsstarke Beitrag von *Nikisch*[6] zur Diskussion um die Rechtsstellung von Rote-Kreuz-Schwestern vorliegt. Das Kernstück der Lehre von Nikisch ist ja, daß Nikisch die Prüfung der in § 4 II d BetrVG angeführten „Merkmale von der einzelnen Schwester auf die Schwesternschaft" überträgt[7]. Hält man sich vor Augen, daß der historische Gesetz-

[2] Zu dieser Bestimmung besonders *Feig-Sitzler*, Betriebsrätegesetz[9-10] (1922) 55 f.; *Flatow-Kahn-Freund*, Betriebsrätegesetz[13] (1931) 95 ff.; *Mansfeld*, Betriebsrätegesetz[2] (1930) 85 f.; *Stier-Somlo*, Komm. z. BRG (1921) 33 f.

[3] Nr. 1838 der Drucksachen der Nationalversammlung.

[4] Vgl. *Flatow-Kahn-Freund*, Betriebsrätegesetz[13] (1931) 95 f.; haltlos erscheint mir die Behauptung von *Girgensohn* 55, die „alte sozialistische Auffassung von der Arbeit als einer Ware, die der Arbeitnehmer verkauft, um von dem Erlös, dem Lohn, zu leben", habe zu § 10 II 2 BRG geführt.

[5] a.a.O. 96.

[6] Festschrift Hueck (1959) 1 ff.

[7] *Nikisch*, a.a.O. 8; Bedenken dazu schon bei *Girgensohn*, 34 ff., der aber die Bedeutung der Entstehungsgeschichte des § 10 BRG nicht würdigt.

geber des BRG, dessen Diktion das BetrVG weitgehend übernommen hat[8], zunächst ohnedies auf das Zurücktreten des Erwerbsstrebens des Beschäftigenden abstellen wollte, dann aber davon abging, um auf den Beschäftigten abzustellen, so ergeben sich starke Bedenken gegen die von Nikisch empfohlene Übertragung der gesetzlichen Merkmale von der Schwester auf die Schwesternschaft. Wenn auch die Schwesternschaft nicht ohne weiteres als Beschäftigender angesprochen werden kann, stehen ihre Funktionen denen des Beschäftigenden erheblich näher als denen eines Beschäftigten. So gut die seinerzeit zunächst erwogene Fassung des § 10 II 2 BRG zur Lehre von Nikisch gepaßt hätte, so bedenklich ist eine Orientierung an der Ausrichtung der Schwesternorganisation, wenn man von § 4 II d BetrVG auszugehen hat. Die Lösung vom Gesetzeswortlaut kann ja kaum mehr als den Intentionen des Gesetzgebers dienende Korrektur gerechtfertigt werden, wenn sie einmal als Rückgriff auf eine bei der Arbeit am Gesetzestext zwar erwogene, dann jedoch zugunsten einer anderen Lösung zurückgestellte Konzeption erwiesen wird.

b) § 4 und § 81 BetrVG

Die inneren Gründe dafür, daß des Beschäftigten und nicht des Beschäftigenden Erwerbsstreben beachtet wird, ergeben sich aus dem Verhältnis der Ausnahme vom betriebsverfassungsrechtlichen Arbeitnehmerbegriff zur Sonderstellung der Tendenzbetriebe. Bei diesen ist es ja gerade die Zielsetzung des Beschäftigenden, die zur Einschränkung der Anwendung des Betriebsverfassungsrechts führt. Diese Einschränkung erfolgt aber nicht durch Ausnahme vom betriebsverfassungsrechtlichen Arbeitnehmerbegriff, sondern durch Ausklammerung fest umrissener Teile des Betriebsverfassungsrechts. Eine derartige Berücksichtigung der Betriebstendenz war in der Ausschußarbeit zum BRG vor allem im Hinblick auf das Pressewesen beschlossen worden[9]; da somit das Zurücktreten des Erwerbsstrebens des Beschäftigenden durch die Ausnahme von bestimmten Teilen des BRG berücksichtigt wurde, war es schlechterdings ausgeschlossen, diesen Um-

[8] Daher kann der Versuch einer historischen Interpretation des § 4 II d BetrVG auch Schlüsse aus der Entstehungsgeschichte des BRG einbeziehen.

[9] Vgl. *Stier-Somlo*, a.a.O. 125; zur Funktion des § 67 BRG eingehend *Frey*, Der Tendenzbetrieb (1959) 11 ff. — § 67 BRG lautete bekanntlich: „Auf Betriebe, die politischen, gewerkschaftlichen, militärischen, konfessionellen, wissenschaftlichen, künstlerischen und ähnlichen Bestrebungen dienen, findet § 66, Z. 1 und 2 keine Anwendung, soweit die Eigenart dieser Bestrebungen es bedingt." In den Z. 1 und 2 des § 66 BRG war ausgesprochen worden, daß es in Betrieben mit wirtschaftlichen Zwecken eine Aufgabe des Betriebsrates sei, die Betriebsleitung durch Ratschläge zu unterstützen und an der Einführung neuer Arbeitsmethoden fördernd mitzuarbeiten.

stand auch noch durch Ausnahmen vom Arbeitnehmerbegriff zu honorieren. Für den Arbeitnehmerbegriff konnte es eben nur auf Zielsetzungen der Beschäftigten, nicht der Beschäftigenden ankommen.

Auch nun, auf der Grundlage des BetrVG, kann die Anlage der in § 4 II d und e ausgesprochenen Ausnahmen vom Arbeitnehmerbegriff nur dann richtig erfaßt und verstanden werden, wenn man den Systemzusammenhang mit der Regelung für Tendenzbetriebe[10] in § 81 BetrVG beachtet. Wir wollen daher von einer Konfrontation jener betriebsverfassungsrechtlichen Normen ausgehen, denen die Verankerung von Ausnahmen für ein Hervortreten nicht erwerbsgerichteter Bestrebungen gemeinsam ist.

§ 4 II BetrVG:

„Als Arbeitnehmer im Sinne dieses Gesetzes gelten nicht

a) ...
b) ...
c) ...
d) Personen, deren Beschäftigung nicht in erster Linie ihrem Erwerb dient, sondern vorwiegend durch Beweggründe karitativer oder religiöser Art bestimmt ist;
e) Personen, deren Beschäftigung nicht in erster Linie ihrem Erwerb dient und die vorwiegend zu ihrer Heilung, Wiedereingewöhnung, sittlichen Besserung oder Erziehung beschäftigt werden;
f) ...“

§ 81 BetrVG:

„Auf Betriebe, die politischen, gewerkschaftlichen, konfessionellen, karitativen, erzieherischen, wissenschaftlichen, künstlerischen und ähnlichen Bestimmungen dienen, finden die § 67 bis 77 keine Anwendung. Die sonstigen Bestimmungen dieses Gesetzes finden nur insoweit Anwendung, als nicht die Eigenart des Betriebs dem entgegensteht.
Dieses Gesetz findet keine Anwendung auf Religionsgemeinschaften und ihre karitativen und erzieherischen Einrichtungen unbeschadet deren Rechtsform.“

Die Konfrontation von § 4 und § 81 BetrVG zwingt zur Frage: Welchen Sinn soll die in § 4 II d vorgesehene Ausnahme vom betriebsverfassungsrechtlichen Arbeitnehmerbegriff haben, da doch durch § 81 BetrVG Religionsgemeinschaften und ihre karitativen und erzieherischen Institutionen völlig, andere religiös und karitativ ausgerichtete Betriebe teilweise vom Wirkungsbereich des Betriebsverfassungsrechts ausgenommen werden? Doch auch die Gegenfrage drängt sich auf: Welcher Raum bleibt im religiös-karitativen Arbeitsbereich für die von § 81 II BetrVG normierte Ausnahme von der wirtschaftlichen Mitbestimmung und von der Arbeit-

---

[10] Über diese außer *Frey*, Der Tendenzbetrieb (1959), auch *Löffler*, NJW 1954, 489 ff.; *Reuß*, RdA 1956, 210 ff.; *Neumann-Duesberg*, Betriebsverfassungsrecht (1960) 97 ff.; *Galperin-Siebert*, BetrVG[4] (1963) 726 ff.

nehmerbeteiligung im Aufsichtsrat, wenn schon die betriebsverfassungsrechtliche Arbeitnehmereigenschaft in Frage steht?

Da nicht anzunehmen ist, daß der Gesetzgeber die §§ 4 und 81 BetrVG so konzipiert hat, daß eine dieser Bestimmungen ins Leere geht, kann zu beiden Fragen nur die Antwort als richtig gelten, die beiden Bestimmungen des BetrVG einen sinnvollen Wirkungsraum beläßt. Betrachten wir von dieser Position aus das Verhältnis des § 4 II d BetrVG zu § 81 II BetrVG.

c) Die Arbeit in Religionsgemeinschaften und ihren karitativen und erzieherischen Einrichtungen

Neben der totalen Exemtion[11] der Religionsgemeinschaften und ihrer karitativen und erzieherischen Einrichtungen haben Ausnahmen vom Arbeitnehmerbegriff des BetrVG keinen Sinn. Daher entfällt für die Arbeit in Religionsgemeinschaften und ihren karitativen und erzieherischen Einrichtungen jede Prüfung des Verhältnisses zwischen Erwerbstendenz und ideellen Motiven. Auch der, der in der erzieherischen Einrichtung einer Religionsgemeinschaft nur um des Erwerbes willen arbeitet, unterfällt nicht dem BetrVG, da der ganze Betrieb aus dessen Geltungsbereich ausgenommen ist. Daraus folgt, daß § 81 BetrVG überhaupt nicht auf einem Zurücktreten des Erwerbsstrebens beruht.

Diese Erkenntnis führt zur Frage, welcher andere Rechtsgedanke die Norm des § 81 II BetrVG trage. Erst aus der Beantwortung dieser weiteren Frage kann die abschließende Begründung der Strukturunterschiede gegenüber § 4 II d BetrVG gewonnen werden.

Die völlige, das Verhältnis zwischen Erwerbstendenz und ideellen Motiven überhaupt nicht beachtende Exemtion vom BetrVG muß als Konkretisierung der durch Art. 140 GG rezipierten Maxime des Art. 137 III WRV[12] gewertet werden. Die arbeitsrechtliche Bedeutung dieser Maxime ist seit Jahren tieferem Verständnis erschlossen[13]. Die im staatlichen

---

[11] Bewußt gebrauche ich diesen für die mittelalterliche Verfassungsgeschichte so bedeutungsvollen Begriff; bei den damals ausgeprägten Ausnahmen von der Gerichtsbarkeit spielte die Anerkennung eines eigenen Wirkungsbereiches religiöser Verbände eine entscheidende Rolle.

[12] „Jede Religionsgesellschaft ordnet und verwaltet ihre Angelegenheiten selbständig innerhalb der Schranken des für alle geltenden Gesetzes. Sie verleiht ihre Ämter ohne Mitwirkung des Staates oder der bürgerlichen Gemeinde."

[13] Dazu *Kalisch*, Ztschr. f. evang. Kirchenrecht 2 (1952/3), 24 ff.; *Jacobi*, Festschrift Nikisch (1958) 83 ff.; *Molitor*, in: Universitas, Festschrift für Bischof Albert Stohr II (1960), 231 ff.; *Scheuermann*, Archiv f. kath. Kirchenrecht 130 (1961), 344 ff. — Zur Position des Art. 140 GG in der bundesstaatlichen Kompetenzverteilung sehr beachtenswert *H. Peters*, Festschr. Stohr II 223 ff.

Arbeitsrecht als Betriebsverfassungsrecht zusammengefaßte Materie bildet also in jenem Bereich, den § 81 II BetrVG abgrenzt, eine Angelegenheit der Religionsgesellschaften, die diese innerhalb der Schranken des für alle geltenden Gesetzes selbständig ordnen und verwalten. Der unmißverständliche Regelungsverzicht des BetrVG erübrigt eine Diskussion der Frage, ob die Ordnung der Betriebsverfassung zu den im Sinne von Heckel[14] für die Gesamtnation als Kultur- und Rechtsgemeinschaft unentbehrlichen Gesetzen zählt. Selbst dann, wenn man Heckels Lehre nicht folgt und jedes allgemein gestaltete Gesetz als Autonomieschranke ansieht, folgt ja aus § 81 II BetrVG, daß das BetrVG nicht für alle gelten soll, sondern Religionsgemeinschaften und ihre karitativen und erzieherischen Institutionen ausnimmt[15].

Die materiale Rechtfertigung der durch Art. 137 WRV und § 81 II BetrVG gewährten Autonomie liegt in der Ausübung der Befugnis zur eigenständigen Ordnung. Daher ist es von grundsätzlicher Bedeutung, daß in dem durch § 81 II BetrVG abgesteckten Bereich der Arbeitnehmermitbestimmung entsprechende Institutionen ins Leben gerufen werden[16]. Der Sinn aller Autonomie ist ja nicht das Fehlen von Recht, sondern die Bildung von Recht im kleineren Bereich.

d) Tendenzstreben und Erwerbsziel:

Bei der in § 81 I ausgesprochenen Beschränkung der Anwendung des BetrVG liegen die Dinge anders als bei der für Institutionen von Religionsgemeinschaften vorgesehenen Ausnahme. Es fehlt ja eine dem Art. 137 WRV irgendwie vergleichbare verfassungsrechtliche Verankerung der Sonderstellung von Tendenzbetrieben[17]. Daher gelangt man zur Frage, ob etwa ein Zurücktreten der Erwerbsabsicht die Sonderstellung der in § 81 I BetrVG genannten Betriebe begründet.

Wie schon betont wurde, muß davon ausgegangen werden, daß § 4 und § 81 BetrVG einander nicht überflüssig machen sollten. Nun nennt § 81 I auch religiöse und karitative Zielsetzungen als potentielle Merkmale eines Tendenzbetriebes. Sowohl gegenüber § 81 II wie gegenüber § 4 II d BetrVG muß eine Abgrenzung gefunden werden.

---

[14] Vgl. Verwaltungsarchiv 37 (1932), 283 f.

[15] Gäbe es aber den § 81 II BetrVG nicht, so müßte man sich bei dieser Frage zwischen Heckels Lehre und ihren Opponenten entscheiden.

[16] Vgl. im katholischen Bereich die Verordnung über die Einführung von Mitarbeitervertretungen bei den karitativen Einrichtungen im Bistum Mainz, Kirchl. Amtsblatt 102 (1956), Nr. 5 (1. 3. 1956) und dazu *Molitor* a.a.O. 234.

[17] Grundrechtsschutz für Tendenzen wird freilich von *Frey,* Der Tendenzbetrieb (1959) 180 ff. erwogen.

Das Verhältnis des religiös oder karitativ ausgerichteten Tendenzbetriebes zum Bereich des § 81 II BetrVG ist problemlos: Nur Betriebe, die nicht als Einrichtungen von Religionsgemeinschaften angesehen werden könnten, gehören in den Bereich der Ausnahme, die nur von der wirtschaftlichen Mitbestimmung und von der Arbeitnehmerbeteiligung am Aufsichtsrat gemacht wird.

Für die Abgrenzung gegenüber § 4 II d BetrVG ist es angebracht, sich die Konsequenzen der Ausnahme vom betriebsverfassungsrechtlichen Arbeitnehmerbegriff[18] zu vergegenwärtigen: An die Arbeitnehmereigenschaft sind unter anderem das aktive und das passive Wahlrecht zum Betriebsrat, das Recht zur Einbringung von Wahlvorschlägen und zur Wahlanfechtung und das Recht zur Teilnahme an Betriebsversammlungen geknüpft; die Voraussetzungen für die Errichtung eines Betriebsrates sowie andere zahlenmäßige Voraussetzungen betriebsverfassungsrechtlicher Rechte (so §§ 60 I, 66 II, 67, 72 BetrVG) stellen auf die Arbeitnehmereigenschaft, nicht auf die bloße Beschäftigung im Betrieb ab; diese hat nur in wenigen Fällen — so nach § 51 BetrVG — selbständige Bedeutung. Von einem Betrieb, in dem durchwegs unter § 4 II d fallende Beschäftigte arbeiten, kann daher getrost behauptet werden, daß das BetrVG auf ihn nicht zur Anwendung kommt. Um zu einer sinnvollen Abgrenzung zwischen den Anwendungsbereichen von § 4 II und § 81 I BetrVG vorzudringen, ist es demnach unerläßlich, jene Fälle aufzuspüren, in denen das Erwerbsziel der Arbeit noch so große Bedeutung hat, daß bloß der Mitbestimmungsausschluß und nicht die Ausnahme vom Arbeitnehmerbegriff eintritt. Gäbe es solche Fälle nicht, wäre § 81 I BetrVG sinnlos. Bisher hat man beim Tendenzbetrieb vor allem auf die ihn kennzeichnenden Idealmotive gesehen. Die Ausnahme karitativ und religiös ausgerichteter Beschäftigung vom betriebsverfassungsrechtlichen Arbeitnehmerbegriff zeigt jedoch — jedenfalls für religiös oder karitativ orientierte Betriebe — eine überraschend große Bedeutung der Erwerbsorientierung der in Tendenzbetrieben Beschäftigten auf: Dient deren Arbeit nicht ihrem Erwerb, so haben wir gar keinen Tendenzbetrieb, sondern einen praktisch überhaupt nicht unter das BetrVG fallenden Betrieb vor uns. Nichts anderes gilt, wenn die Erwerbstendenz so stark zurücktritt, daß die karitativen und religiösen Beweggründe überwiegen. Behauptet sich dagegen die Orientierung der Beschäftigung am Erwerb ebenbürtig neben den Idealmotiven oder ist sie sogar stärker wirksam als die karitativen oder religiösen Beweggründe, so liegt ein Tendenzbetrieb vor; in diesem Fall kommt das BetrVG zur Anwendung, nur die wirtschaftliche Mitbestimmung, die Arbeitnehmerbeteiligung im Aufsichtsrat und sonst der Eigenart von Tendenzbetrieben nicht entsprechende Regeln werden ausgeklammert.

---

[18] Zu ihnen schon *Girgensohn* 22 f.

Es gilt eben, scharf zwischen der Betriebstendenz und den Zielsetzungen der einzelnen Beschäftigten zu unterscheiden. Auch bei festgelegter Betriebstendenz kann der eine Beschäftigte rein auf Erwerb zielende, der andere ganz auf Idealmotiven beruhende Arbeit verrichten. Ich kann bei erzieherischer Arbeit nur um des Geldes willen arbeiten, so daß mir am pädagogischen Erfolg nur aus rein materiellen Gründen liegt. Der Gegenfall ist hoffentlich häufiger: Die nur auf religiösen Beweggründen beruhende Arbeit in Betrieben ohne alle ideellen Zielsetzungen begegnet etwa in Gestalt der französischen Arbeiterpriester. Dieses Beispiel zeigt zugleich, daß die betriebsverfassungsrechtliche Arbeitnehmereigenschaft nicht nur dann in Frage stehen kann, wenn wir auf die Rezeption einer Betriebstendenz durch die einzelnen Beschäftigten stoßen.

e) *Objektive und subjektive Faktoren in den Kriterien des § 4 II d BetrVG*

Die von § 4 II d BetrVG geforderte Abwägung legt die Frage nahe, ob es hier durchweg um Motivationen und andere subjektive Faktoren gehe oder ob auch objektive Abgrenzungskriterien angesprochen werden. Vielfach nimmt man an, daß es nur auf Beweggründe oder Absichten ankomme. Es wurde sogar behauptet, es „würde der subjektiven Fassung der Bestimmung entsprechen", die Beschäftigten „zu einer Äußerung über die Motive ihrer Tätigkeit zu veranlassen, um die Art der Motive und ihr Verhältnis zueinander feststellen zu können[19]". Die völlige Unverläßlichkeit der Ergebnisse eines solchen Unterfangens erscheint mir evident. *Girgensohn*[20], der einige der drohenden Schwierigkeiten andeutet, vermeint daher, man müsse eine Methode entwickeln, die einerseits der subjektiven Fassung des Gesetzes Rechnung trage, andererseits aber objektive Merkmale einführe, mit deren Hilfe die subjektiven Beweggründe und ihr Verhältnis zueinander ermittelt werden können.

Sieht man aber genauer auf den Aufbau des § 4 II d BetrVG, so erkennt man, daß diese Bestimmung neben subjektiven Faktoren auch objektive Elemente heranzieht. Die in vielen Bereichen der Rechtsgeschichte[21] und des geltenden Rechts[22] begegnende Verflechtung von

[19] *Girgensohn* 22.

[20] a.a.O. 22: Manche haben über ihre Motive noch nicht nachgedacht, andere werden sie ungern oder gar nicht eingestehen; ein Abwägen der Motive sei kaum durchführbar.

[21] Vgl. zu den Ersitzungsvoraussetzungen des klassischen römischen Rechts *Mayer-Maly,* Das Putativtitelproblem bei der usucapio (1962) 1 ff., und zum Verhältnis zwischen Konsensstörung und Leistungsbestimmung in der Lehre vom error einerseits *Mayer-Maly,* Mélanges Meylan (1963) 241 ff., andererseits *Wieacker,* ebenda 383 ff. — Das evolutionistische Vorurteil, daß alle Rechtsentwicklung von objektiven zu subjektiven Kriterien führe, trübt häufig unseren Blick für die von der Sachstruktur bedingten Verflechtungen.

Daß eine Beschäftigung in erster Linie dem Erwerb dient, wird man immer dann behaupten können, wenn sie dem Beschäftigten eine der marktgerechten Bewertung des Einsatzes seiner Arbeitskraft entsprechende Vergütung verschafft. Der Umstand, daß jemand, der im religiös-karitativen Bereich arbeitet, von seiner Arbeit lebt und oft noch Angehörige unterhält, ist denn auch schon oft hervorgehoben worden[25]. Allerdings wurde regelmäßig verkannt, daß die Erwerbsdienlichkeit der Beschäftigung von ihren Beweggründen unabhängig ist[26]. Auch eine nur aus religiösen und karitativen Beweggründen verrichtete Arbeit ist erwerbsdienlich, wenn sie ein normales Arbeitseinkommen verschafft. Beschäftigungen dieser Art können nicht durch § 4 IId BetrVG, sondern nur durch § 81 II BetrVG dem Betriebsverfassungsrecht entzogen werden.

Nicht in erster Linie erwerbsdienliche Beschäftigungen sind nicht schon deshalb aus dem BetrVG ausgeschlossen. Das Zurücktreten der Erwerbsdienlichkeit zeitigt für sich noch keine Rechtswirkungen. Erst wenn es zugunsten einer durch religiöse oder karitative Beweggründe bestimmten Tätigkeit erfolgt, gewinnt es Relevanz. Die Regelung des § 4 II d BetrVG spricht daher nicht dafür, daß Erwerbsdienlichkeit der Beschäftigung oder gar Erwerbsabsicht des Beschäftigten jedem Arbeitsverhältnis — und sei es auch nur im Sinne des BetrVG — wesentlich sei.

Auch das der Erwerbsdienlichkeit zu konfrontierende Kriterium ist nicht völlig subjektiv gehalten. Schon *Philipsborn*[27] hat gesehen, daß die Selbstlosigkeit karitativer Arbeit mehr ist als ein Motiv. Er bezeichnet sie als Wesensbestandteil solcher Tätigkeit, als Äußerung einer Lebensauffassung. Die rechtliche Relevanz solcher Qualifikation bedarf freilich eingehenderer Begründung. Wiederum gibt der Gesetzestext einen eindeutigen Hinweis:

---

[25] Besonders nachdrücklich *Trieschmann*, RdA 1955, 53 f.; 459.

[26] Das Mißverständnis geht bis auf *Feig-Sitzler*, Betriebsrätegesetz, Anm. 6 zu § 10 BRG zurück; deren Lehre, der Erwerbszweck dürfe nicht der wichtigste Grund für die Beschäftigung sein, führt sie schließlich dazu, auf die Freiwilligkeit des Anschlusses an karitative und religiöse Einrichtungen abzustellen — ein im Gesetzestext in keiner Weise angedeutetes Kriterium! Auch der Pförtner einer Krankenanstalt, den *Feig-Sitzler* mit Recht in den betriebsverfassungsrechtlichen Arbeitnehmerbegriff einbeziehen, arbeitet ja nicht unfreiwillig. Etwas objektiver sind die von *Stier-Somlo*, Kommentar zum BRG (1921) 33 formulierten Kriterien gehalten: Es wird darauf abgestellt, ob die Beschäftigung „in erster Linie aus Erwerbsgründen erfolgt" oder ob die Arbeit idealen „Zwecken gewidmet ist".

[27] Neue Ztschr. f. Arbeitsrecht 11 (1931), 24; zur Unterscheidung zwischen Motiv und Wesen der Arbeit nun aber *Scheuerle*, AcP 163 (1964) 435.

Nach § 4 II d BetrVG kommt es ja nicht einfach darauf an, ob religiöse und karitative Beweggründe vorliegen, sondern darauf, ob die Beschäftigung durch diese vorwiegend bestimmt wird. Die Orientierung an der Bestimmung durch Beweggründe gemahnt an die Umschreibung des Tendenzbetriebes durch § 81 I BetrVG. Dort wird ja darauf abgestellt, welchen „Bestimmungen" ein Betrieb dient[28]. So wie die Qualifikation eines Betriebes als Tendenzbetrieb auch objektive Kriterien berücksichtigen muß und sich nicht mit der Prüfung subjektiver Faktoren begnügen kann, so wirken auch auf die nach § 4 II d BetrVG zu konfrontierenden Idealmotive objektive Komponenten ein.

Die Ausnahme vom betriebsverfassungsrechtlichen Arbeitnehmerbegriff ginge sicherlich weiter, wenn in § 4 II d BetrVG der mit „sondern" eingeleitete Satzteil fehlte. Er beläßt zum einen die von anderen Idealmotiven bestimmten Beschäftigungen dem Bereich des Arbeitnehmerbegriffes des BetrVG, zum anderen weist er auch nicht vorwiegende Bestimmung durch religiöse und karitative Beweggründe ins BetrVG. Während die Abgrenzung der religiösen und karitativen Beweggründe zu anderen Idealmotiven wenig Schwierigkeiten macht, bedarf die Feststellung des Vorwiegens von religiösen und karitativen Beweggründen noch der Prüfung.

Ein wertendes Abwägen von Motiven, das wohl nur als Ermessensentscheidung vorstellbar wäre, ist — wie wir gesehen haben — gar nicht vorgesehen. Sowohl das in § 4 II d BetrVG zugrunde gelegte Überwiegen wie seinerzeit das „mehr" des § 10 BRG fordern eine quantitative Methode, fordern meßbare Kriterien. Jede andere Lösung würde gegen das Postulat der maximalen Voraussehbarkeit von Gerichtsentscheidungen verstoßen, bestenfalls hätte sie eine Ausbildung von präjudiziell fixierten Falltypen zur Folge, die bei allen neuartigen Problemkombinationen keine Lösung anbieten könnte. Stellt man dagegen mit dem Gesetzestext auf das quantitative Element des Überwiegens ab, so ergibt sich als Konsequenz der oben vorgetragenen Orientierung an der Erwerbsdienlichkeit: Liegt der Erwerbserfolg unter der Hälfte der den Verhältnissen am Arbeitsmarkt entsprechenden Bewertung der Arbeitskraft eines Beschäftigten, so ist zu prüfen, ob die Beschäftigung durch religiöse oder karitative Beweggründe bestimmt wird. Sind solche Beweggründe erweislich, so ist die betriebsverfassungsrechtliche Arbeitnehmereigenschaft zu verneinen, andernfalls aber immer zu bejahen. Ob durch die Beschäftigung eine Versorgung des Beschäftigten sichergestellt wird oder nicht, ist für das Betriebsverfassungsrecht de lege lata irrelevant[29]. Auch die Ver-

[28] Vgl. dazu besonders *Frey*, Der Tendenzbetrieb (1959) 37 f.

[29] Dies gegen *Fitting-Kraegeloh-Auffahrt*, BetrVG[6] (1962) 73 f., die allzu stark auf die Leistungen der jeweiligen Versorgungseinrichtungen abstellen.

sorgung nicht voll sichernde Beschäftigungen können in erster Linie erwerbsdienlich sein. Angesichts der Fülle von Unsicherheiten und Streitfällen in der Abgrenzung des durch § 4 II d BetrVG erfaßten Personenkreises ist es geboten, sich genau an die vom Gesetzgeber gewählten Kriterien zu halten.

Weitere Schwierigkeiten ergeben sich aus der Häufigkeit „freier Station" (Unterkunft, Verpflegung, meist auch Berufskleidung) in Berufen, die durch religiöse und karitative Motive bestimmt werden. Zieht man lohnsteuer- oder sozialversicherungsrechtliche Grundsätze für die Bewertung solcher Sachleistungen des Beschäftigenden heran, so wird man oft zu einer Überschreitung der Hälfte des Normallohnes für derartige Arbeit gelangen, ohne daß jedoch die Erwerbsdienlichkeit dieser Arbeit einleuchtend bejaht werden kann: Gerade unter dem Aspekt des Erwerbes werten wir ja Geldzuwendungen ganz anders als die Gewährung freier Station. In diesem Zusammenhang ist auf den Begriff der „unmittelbaren Lebensbedürfnisse" hinzuweisen, den § 172 I Z. 6 RVO zum Rechtsbegriff erhebt[30]. Ähnlich stellt § 1227 I Z. 5 RVO den freien Unterhalt den Barbezügen gegenüber und fixiert für letztere eine Obergrenze (75,— DM) der Ausnahme von der Rentenversicherung. Auch im Bereich des Betriebsverfassungsrechts wird man daher nur jene Tätigkeiten als erwerbsdienlich ansehen dürfen, bei denen neben der freien Station ein Barbetrag ausbezahlt wird, dessen Höhe die eines Taschengeldes übersteigt. Dies ergibt sich auch aus der Konzeption des § 1227 I Z. 6 RVO, auf den hier wegen seines Zusammenhanges mit § 5 BetrVG zurückgegriffen werden kann. Keiner Gemeinschaft angehörige Personen, die für ihre durch religiös-karitative Beweggründe bestimmte Arbeit neben dem freien Unterhalt nur Barbezüge bis zu 75 DM erhalten, fallen zwar nicht unter § 1227 I Z. 6 RVO, die Erwerbsdienlichkeit ihrer Beschäftigung wird aber gleichfalls zu verneinen sein.

f) Sinngehalt der ideellen Motive

Viel einfacher als bei einer Konfrontation der Erwerbsdienlichkeit mit der Bestimmung durch religiöse und karitative Beweggründe liegen die Dinge bei der Abgrenzung der im Rahmen des § 4 II d relevanten Idealmotive. Religiös bestimmt ist jede Beschäftigung, die äußerer Ausdruck eines Glaubens ist. Dieser Grundsatz ergibt sich aus der Interpretation von Art. 4 I GG. Wie *Hamel*[31] treffend ausführt, zählen zum religiösen Bekenntnis nicht nur Predigt, An-

---

[30] Vgl. zur krankenversicherungsrechtlichen Behandlung der Schwestern vom DRK das Urteil des Hessischen Landessozialgerichts v. 9. 1. 1963, L 3 (6) Kr 37/60, in: KVRS I 1700/26.

[31] In: *Bettermann-Nipperdey-Scheuner*, Die Grundrechte IV (1960) 61.

betung und Liturgie, sondern auch Fürsorge für Arme und Kranke, für Notleidende aller Art. Alles dies, so sagt Hamel im Anschluß an *H. Peters*[32], ist nicht bloß Angelegenheit staatlicher Daseinsvorsorge; es geschieht, um die Liebe Gottes zu bezeugen.

Von dieser Position im Prinzipiellen her ergeben sich praktische Konsequenzen: Anders als nach § 81 II, auch anders als nach § 81 I BetrVG kommt es nach § 4 II d BetrVG nicht auf die Verbindung des Tätigen mit einer Religions gemeinschaft an. Auch der Ausdruck freireligiös-individueller Gläubigkeit wird erfaßt. Wohl aber muß ein Glaube, ja ein Glaube an etwas[33] wirksam sein. Humanitäre Motive eines Atheisten mögen als karitativ gelten, religiös sind sie nie.

„Karitative Beweggründe sind solche der freien Liebestätigkeit und Wohltätigkeit"[34]. Dieser zum BRG gefundenen Aussage entspricht es, wenn *Küchenhoff*[35] — freilich zu § 81 II BetrVG — „tätige Menschenliebe" als Merkmal der karitativen Arbeit bezeichnet. Während das Fehlen der objektiven Erwerbsdienlichkeit schon als negative Tatbestandsvoraussetzung zu prüfen war, gewinnt das Fehlen des subjektiven Strebens nach Erwerb, das Fehlen der Gewinnabsicht also[36], bei der Prüfung des karitativen Charakters eines Beweggrundes Bedeutung. Objektiv (mangels Erfolg) nicht erwerbsdienliche, wohl aber vom Gewinnstreben bestimmte Beschäftigungen berühren daher die betriebsverfassungsrechtliche Arbeitnehmereigenschaft nicht.

Ideelle Beweggründe voneinander abzugrenzen, ist nicht so einfach. Ob eine Arbeit mehr karitativ oder mehr religiös bestimmt ist, kann dahingestellt bleiben, da § 4 II d BetrVG keine unterschiedlichen Rechtsfolgen vorsieht. Wohl aber ist es unerläßlich, eine Grenze zu anderen ideellen Motiven zu finden. Es wäre völlig verfehlt, wollte man behaupten, eine analoge Anwendung des § 4 II d BetrVG könne auch bei anderen ideellen Motiven die betriebsverfassungsrechtliche Arbeitnehmereigenschaft ausschließen. Dies ergeben folgende drei Argumente:

1. Während in § 81 I BetrVG durch den Passus „und ähnlichen Bestimmungen[37]" analoge Phänomene erfaßt werden, fehlt in § 4 II d BetrVG ein Hinweis auf ähnliche Beweggründe.

---

[32] Verhandlungen d. Verein. Dt. Staatsrechtslehrer 11, 190. Vgl. auch *Böcker*, Die Nachversicherung von ausgeschiedenen Mitgliedern geistl. Genossenschaften usw. (Kölner Diss.) 1962, 61 f. über den Begriff der religiösen und sittlichen Beweggründe im Sinn der RVO.

[33] *Hamel*, a.a.O. 64.

[34] *Feig-Sitzler*, Betriebsrätegesetz [9-10] (1922) 56.

[35] Betriebsverfassungsgesetz (1954) 114.

[36] Über Gewinnstreben und Caritas vgl. insbesondere *Frey*, Der Tendenzbetrieb (1959) 50 ff.; 57 f.

[37] Zu diesem *Frey*, a.a.O. 60 ff.

2. Schon zu § 10 BRG wurde die Meinung vertreten, daß die dort statuierten Ausnahmen vom betriebsverfassungsrechtlichen Arbeitnehmerbegriff eng auszulegen wären[38].

3. In § 10 BRG waren neben den religiösen und den karitativen Beweggründen noch wissenschaftliche und künstlerische Motive genannt. Diese sind im Rahmen des BetrVG zwar nach § 81 I BetrVG, nicht mehr aber für die Bestimmung des Arbeitnehmerbegriffes relevant.

So steht fest, daß die nur von § 81, nicht auch von § 4 II d BetrVG berücksichtigten Beweggründe den Arbeitnehmerbegriff des Betriebsverfassungsrechts nicht berühren. Das gilt auch für die erzieherischen Bestrebungen, denen § 81 II BetrVG eine gewisse Sonderstellung zuweist.

g) Die Bedeutung von Idealmotiven für den Begriff des Bediensteten im Sinne des PersVG

Die in § 3 III a PersVG enthaltene Regelung weicht von § 4 II d BetrVG nicht unbeträchtlich ab. Die negative Voraussetzung der Ausnahme vom Arbeitnehmerbegriff entfällt: Auch eine Beschäftigung, die in erster Linie dem Erwerb dient, macht mitunter nicht zum Bediensteten. Das Überwiegen der Bestimmung durch Beweggründe karitativer und religiöser Art ist also auch dann relevant, wenn eine Beschäftigung in normalem Ausmaß erwerbsdienlich ist[39]. Damit verschiebt sich das Verhältnis zwischen objektiven und subjektiven Abgrenzungskriterien[40]. Freilich muß man deshalb nicht sogleich zu einer Konfrontation von Motiven übergehen. Das Moment des Bestimmt-Werdens rechtfertigt die Forderung nach Objektivierung der Motivation[41]. Dennoch ist die Entscheidung über

---

[38] *Feig-Sitzler*, Betriebsrätegesetz[9-10] (1922) 57 unter Berufung auf eine Stellungnahme des Reichsarbeitsministeriums v. 27. 3. 1920, I A 923. Auch in der Interpretation des österreichischen Betriebsrätegesetzes (v. 28. 3. 1947, öBGBl. 1947, Nr. 97) legt man die Ausnahmen vom Arbeitnehmerbegriff (§ 2) eng aus: *Floretta-Strasser*, Kommentar zum Betriebsrätegesetz (1961) 37.

[39] Treffend *Dietz*, Personalvertretungsgesetz (1956) 87: „Daß die Sicherung des Lebensunterhalts Voraussetzung für die Tätigkeit ist, schadet nicht"; bedenklich dagegen *Girgensohn*, 24, der einen sachlichen Unterschied zwischen § 4 II d BetrVG und § 3 III a PersVG bestreitet; besser spricht die Erwägung von *Girgensohn*, a.a.O. an, das Alimentationsprinzip des öffentlichen Dienstes habe dazu geführt, daß „der Erwerbszweck" (richtiger: die Erwerbsdienlichkeit) der Beschäftigung im PersVG übergangen wurde.

[40] Zu dieser Verschiebung trägt es bei, daß die für das BetrVG aus der Konfrontation von § 81 I und § 4 II d gewonnenen Argumente entfallen, da nur § 81 II BetrVG eine Entsprechung im PersVG (§ 96) hat.

[41] *Molitor*, Personalvertretungsgesetz[2] (1958) 68 fordert daher mit Recht, daß die Beweggründe karitativer oder religiöser Art nicht nur als Motiv wirksam waren; das Motiv muß nach *Molitor* „zum Gegenstand der Einstellungsvereinbarung geworden" sein. Um das gesetzliche Kriterium des Bestimmt-Werdens

das Überwiegen der Bestimmung durch Beweggründe karitativer und religiöser Art im Bereich des Personalvertretungsrechts erheblich schwieriger und weniger sicher. Ohne die Ausbildung von Falltypen durch die Praxis wird kaum auszukommen sein.

h) Beschäftigung zur Heilung, Wiedereingewöhnung, sittlichen Besserung oder Erziehung

Nicht auf die objektiven Beweggründe des Beschäftigten, sondern auf Zielsetzungen des Beschäftigenden kommt es für die Sonderstellung derer an, die zu ihrer Heilung, Wiedereingewöhnung, sittlichen Besserung oder Erziehung[42] beschäftigt werden. Die von Nikisch[43] auch für die Ausnahme karitativ und religiös motivierter Arbeit vom betriebsverfassungsrechtlichen Arbeitnehmerbegriff angenommenen Relevanz der Zielsetzung einer die Beschäftigung gestaltenden Institution wird hier — unseres Erachtens freilich nur hier — vom positiven Recht gefordert. Diese Bedeutung der Zielsetzung des Beschäftigenden kommt in der Formulierung des § 4 II e BetrVG noch stärker zum Ausdruck als in § 10 BRG, das auf „Rücksichten" abstellte. Doch schon bei der Interpretation des BRG sah man ganz auf den Beschäftigenden. Die Insassen von Krankenanstalten, Genesungsheimen, Kriegsbeschädigtenschulen, Trinkerheilstätten, Arbeiterkolonien, Fürsorgeerziehungsanstalten und Gefangenenanstalten waren gemeint[44]. Aus der Bedeutung der Zielsetzung gerade des Beschäftigten ergab sich, daß eine Beschäftigung von Anstaltsinsassen bei fremden Arbeitgebern nicht ohne weiteres gleichgestellt wurde[45]. Wer also, um sich zu heilen oder sich sittlich zu bessern, eine bestimmte Beschäftigung wählt und ausübt, kann nicht unter § 4 II e BetrVG fallen. In erster Linie

---

richtig zu würdigen, wird man es freilich wohl genügen lassen müssen, wenn der die Beschäftigung bestimmende Beweggrund in die Einstellungsvereinbarung k o n k l u d e n t aufgenommen wurde. Nur auf das Motiv sehen *Havers-Wenzel*, Personalvertretungsgesetz Nordrhein-Westfalen (1961) 90; zum Personalvertretungsrecht der Länder vgl. auch *Breu*, Bayerisches Personalvertretungsgesetz (1959) 26 (der *Trieschmann*, RdA 1955, 52 ff. folgen möchte, aber gegenüber der herrschenden Meinung resigniert) und *Engelhard-G. Ballerstedt*, Personalvertretungsgesetz Niedersachsen (1961) 65 f.

[42] Der pädagogische Akzent kann also im Arbeitsrecht mehrfache Wirkung herbeiführen: Will der Arbeitende erziehen, so kommt eine Anwendung von § 4 II d BetrVG in Betracht, wenn dies überwiegend aus karitativen oder religiösen Beweggründen geschieht. Soll ihn die Arbeit erziehen, fällt der Blick auf § 4 II e BetrVG. Überträgt dagegen der Beschäftigende seine pädagogische Tendenz auf den Beschäftigten, so geraten wir in den Bereich des § 81 BetrVG.

[43] Festschrift Hueck (1959) 1 ff.

[44] *Feig-Sitzler*, a.a.O. 56.

[45] *Feig-Sitzler*, a.a.O.; zu freien Arbeitsverhältnissen von Fürsorgezöglingen besonders *Teitge*, BABl. 1958, 67.

erwerbsdienliche Beschäftigungen berühren auch dann, wenn sie zur Heilung, Wiedereingewöhnung, sittlichen Besserung oder Erziehung erfolgen, die betriebsverfassungsrechtliche Arbeitnehmereigenschaft nicht. Ebenso wie zu § 4 II d BetrVG leite ich daraus ab, daß es bei der Prüfung des Vorwiegens anderer Beschäftigungsziele darauf ankommt, ob weniger als die Hälfte der marktüblichen Anteilsentlohnung gewährt wird. Im Bereich des Personalvertretungsrechts entfällt dieses Kriterium wiederum. Personen, die vorwiegend zu ihrer Heilung, Wiedereingewöhnung, sittlichen Besserung oder Erziehung beschäftigt werden, sind auch dann nicht Bedienstete im Sinne des § 3 PersVG, wenn ihre Beschäftigung erwerbsdienlich ist und sogar zu ganz normalen Erwerbserfolgen führt.

C. Enthält § 4 BetrVG den Ausdruck allgemeinerer Rechtsgedanken?

Immer stärker konzentrierte sich die Diskussion über die Behandlung von Arbeitsverhältnissen mit zurücktretender Erwerbsabsicht auf die Frage, ob in § 4 II d und e BetrVG ein allgemein arbeitsrechtlicher Rechtsgedanke seinen Ausdruck finde oder ob es sich um eine betriebsverfassungsrechtliche Spezialnorm handle. Die Anhänger der Annahme eines allgemeinen Rechtsgedankens sind in der Überzahl. Besonders entschieden hat *A. Hueck* Stellung genommen: Schon in der 1. Auflage des Lehrbuchs des Arbeitsrechts von *Hueck-Nipperdey*[1] rechnete er alle in § 10 II Z. 2 BRG genannten Personen n i c h t zu den Arbeitnehmern; dabei wurde gesagt, dies ergebe sich aus dem allgemeinen Arbeitnehmerbegriff[2]. Die ausdrückliche Behauptung, § 10 II Z. 2 BRG gelte auch außerhalb des Betriebsverfassungsrechts, wurde jedoch vermieden. Ihr näherte sich *A. Hueck* erst durch seine Anmerkung zum Urteil des RAG vom 10. Juli 1931[3]. Dort sagt er von den in § 10 II Z. 2 BRG aufgezählten Personen: „Sie unterliegen also nicht nur, was ja ohne weiteres sich aus dem Gesetz ergibt, nicht den Vorschriften des BRG, sondern auch im übrigen sind die Regeln des Arbeitsrechts im allgemeinen nicht auf sie anwendbar". Daraus erwuchs der erstmals in der 6. Auflage des Lehrbuches[4] aufscheinende Satz über die Rechtsstellung der nun durch § 4 II d und e BetrVG Erfaßten: „Die genannten Personen sind deshalb nicht nur, was § 4 BetrVG ausdrücklich bestimmt, keine Arbeitnehmer im Sinn des BetrVG,

[1] *Hueck-Nipperdey*, Lehrb. d. Arbeitsrechts I^{1} (1928) 45; ebenso I^{3-5} (1931) 51.

[2] a.a.O. I^{3-5} (1931) 47.

[3] ARS 12, Nr. 118, S. 451 f.; da *Hueck-Nipperdey* I^{3-5} die Judikatur und Literatur nur bis zum 1. 12. 1930 berücksichtigt haben (S. IX), enthält die Anm. v. *A. Hueck* eine jüngere Fassung.

[4] I^{6} (1957) 49.

sondern sie sind grundsätzlich überhaupt nicht als Arbeitnehmer anzusehen."[5]

Nikisch gelangte durch eine Revision seines Standpunktes, die unverkennbar mit seiner Analyse der rechtlichen Stellung der Rot-Kreuz-Schwestern[6] zusammenhängt, zu einer stärker pointierenden Argumentation. Die 2. Auflage seines Arbeitsrechts hatte nur für die in § 4 II e BetrVG genannten Beschäftigungen, nicht auch für den Bereich des § 4 II d BetrVG die Anwendbarkeit des allgemeinen Arbeitsrechts verneint. Den Unterschied begründete *Nikisch* scharfsinnig damit, daß mit lit. e eine „Folgerung aus dem Wesen des Arbeitsverhältnisses" gezogen werde[7], während in lit. d ausnahmsweise das Motiv Berücksichtigung finde[8]; dies aber dürfe „nicht ohne weiteres verallgemeinert werden"[9].

Nunmehr lehrt *Nikisch*[10], in § 4 II e u n d d BetrVG werde ein Rechtsgedanke von allgemeiner Gültigkeit ausgesprochen. Ein klug gewählter Vorbehalt läßt es offen, ob sich schon der Gesetzgeber des BRG „auf eine allgemeine Rechtsanschauung berufen konnte oder ob die damals getroffene Bestimmung ihrerseits die spätere Begriffsbestimmung beeinflußt hat"[11]. In der Tat ergibt eine Musterung früher Stellungnahmen zu unserem Problemkreis, daß zunächst auch jene, die bei zurücktretender Erwerbsabsicht die allgemein arbeitsrechtliche Arbeitnehmereigenschaft verneinten, die These vermieden, die betriebsverfassungsrechtlichen Ausnahmen seien Ausdruck eines allgemeinen Rechtsgedankens. Kam man auch zu jenem Ergebnis, für das heute die von *A. Hueck* und *Nikisch* geprägte und als herrschend anzusehende Meinung eintritt, so ging die Begründung doch andere Wege als über die Verallgemeinerung des § 10 BRG[12].

---

[5] So nun auch *Hueck-Nipperdey,* a.a.O. I^7 (1963) 55.

[6] Festschrift Hueck (1959) 1 ff.

[7] *Nikisch,* Arbeitsrecht I^2 (1955) 104.

[8] *Nikisch,* a.a.O. I^2 103.

[9] *Nikisch,* a.a.O. I^2 104; diesem von Nikisch heute aufgegebenen Argument kann freilich entgegengehalten werden, daß es nach § 4 II d BetrVG nicht schlechthin auf das Maß des Bestimmt-Seins durch gewisse Beweggründe ankomme. Je objektiver die Ausnahme vom betriebsverfassungsrechtlichen Arbeitnehmerbegriff konzipiert wird, um so eher kann sie auf das allgemeine Arbeitsrecht übertragen werden.

[10] Arbeitsrecht I^3 (1961) 118. Auch *Esser,* Schuldrecht[2] (1960) 576 führt alle Fälle von § 4 II d und e BetrVG an, um die wesentliche Entgeltlichkeit des BGB-Dienstvertrages zu belegen.

[11] Festschrift Hueck (1959) 4.

[12] Insofern ist gegenüber den Zitaten „zustimmender" Äußerungen bei *Hueck-Nipperdey* I^7 55, A. 70 und *Nikisch,* Arbeitsrecht I^3 (1961) 118, A. 98 Vorsicht geboten.

eigentlichen Gegenstand hinaus keine Bedeutung haben, oder ob sie der Ausdruck des allgemeinen Grundsatzes sind, daß die karitativ tätigen Personen dem Arbeitsrecht überhaupt nicht angehören". *Philipsborns* Behauptung eines allgemeinen Rechtsgrundsatzes gewann starken Einfluß[20]. Sie wirkt auch in der geschickt gefaßten Konzeption des BAG, AP Nr. 1 zu § 5 ArbGG, nach: „Wenn die Bestimmung des § 4 Abs. 2 Buchst. d BetrVG auch nicht unmittelbar auf die Vorschrift des § 5 ArbGG anzuwenden ist, die ihrerseits einen selbständigen Arbeitnehmerbegriff enthält, so gibt sie doch einen beachtlichen Hinweis auf einen Rechtsgedanken, der allgemeine Gültigkeit zu beanspruchen hat." Wie wir alsbald noch besser erkennen werden, liegt der Vorzug dieser Konzeption in der Vermeidung der These, die Abgrenzung des § 4 II d BetrVG müsse auf das ganze Arbeitsrecht übertragen werden.

Auch im Kreis jener Stimmen, die für die allgemein-arbeitsrechtliche Arbeitnehmereigenschaft der Rot-Kreuz-Schwestern und verwandter Personen eintraten, wurde erst relativ spät erfaßt, daß es zunächst um eine Ausweitung betriebsverfassungsrechtlicher Ausnahmen geht. Jeder Begründung entbehrt die Ansicht von *Aubele*[21], die in § 10 II Z. 2 BRG genannten Personen wären Arbeitnehmer im Sinne des § 5 des Entwurfs eines Arbeitsgerichtsgesetzes. Auch *Jacobi*[22], der die Frage unter dem Aspekt der Berufsmäßigkeit der Arbeit anschnitt, unterließ eine Diskussion der Ausweitungsfähigkeit des § 10 BRG. Dagegen ging jenes Urteil des RAG, das Philipsborns Aufsatz über die arbeitsrechtliche Sonderstellung karitativ tätiger Personen auslöste[23], näher auf diese Frage ein: Das RAG stimmte dem Berufungsgericht (LAG Duisburg) darin bei, daß „aus der Vorschrift des § 10 BRG ebensowenig wie aus § 172 Z. 4 RVO etwas für den Begriff des Arbeitnehmers zu entnehmen ist"[24]. Ohne sich auf dieses Urteil zu berufen, gaben *Kaskel-Dersch*[25] zu erkennen, daß sie in den Sondervorschriften der RVO und des BRG nur Ausnahmen von der allgemein arbeitsrechtlichen Irrelevanz aller Motivation erblickten (während sie a. a. O. S. 23 in den Ausnahmen, die in den §§ 10 Nr. 1 BRG und 5 Abs. 2 ArbGG für öffentliche Beamte vorgesehen waren, den Ausdruck eines allgemeingültigen Grundsatzes erblickten). So heißt es nun in der 5. Auflage von *Kaskel-Dersch*: „Solche

---

[20] Vgl. die Nachweise bei *Savaète*, ArbuR 1959, 7, Anm. 3 und besonders *Molitor* in der Anm. zu AP 53, Nr. 222, der aber Philipsborns Einfluß wohl etwas überschätzt.

[21] Leipziger Zeitschrift für deutsches Recht 1926, 97.

[22] Grundlehren des Arbeitsrechts (1927) 64, besonders Anm. 84.

[23] U. v. 4. 12. 1929, ARS 8, Nr. 11, S. 45 ff.

[24] So ARS 8, S. 49; Zustimmung in der Anm. von *Gerstel*, Kritik in der Anm. von *A. Hueck*.

[25] Arbeitsrecht (1932) 22, Anm. 3.

Sonderregelungen gelten aber nur für den Geltungsbereich des betreffenden Gesetzes und können nicht verallgemeinert werden."[26]

In der neueren Judikatur[27] und in der literarischen Diskussion[28] trat dagegen der Gedanke, betriebsverfassungsrechtliche Ausnahmen seien nicht erweiterungsfähig, auch dann stärker zurück, wenn die Arbeitnehmereigenschaft von Personen in karitativen Berufen bejaht wurde. *Girgensohn*, der schließlich die Arbeitnehmereigenschaft von Krankenschwestern nur dann verneint, wenn ihr Barentgelt ein geringfügiges Taschengeld nicht überschreitet, ihre Versorgung durch einen Schwesternverband sichergestellt ist und sie in innerer Verbundenheit in einer Gemeinschaft mit grundsätzlich lebenslanger Bindung und uneingeschränkter Gehorsamspflicht leben, akzeptiert es sogar ausdrücklich, daß in § 4 BetrVG und § 3 PersVG allgemeine Rechtsgedanken zum Ausdruck kommen[29]. Die zur Bejahung der Arbeitnehmereigenschaft führenden Argumente werden dann anders als bei *Kaskel-Dersch* a. a. O. nicht aus einem Umkehrschluß gewonnen.

Man bliebe in der Tat an der Oberfläche, wollte man die Problematik der allgemein arbeitsrechtlichen Qualifikation von Arbeitsverhältnissen mit zurücktretender Erwerbsabsicht allein unter dem Aspekt der Erweiterungsfähigkeit sondergesetzlicher Ausnahmen sehen. Allzu leicht gerät man in die Ausweglosigkeit des berüchtigten Schaukelns zwischen Analogie und Umkehrschluß. Kompliziert wird diese Problematik überdies durch die sich immer deutlicher abzeichnenden und meines Erachtens durchaus beifallswürdigen Korrekturen, die die gemeinrechtliche Parömie singularia non sunt extendenda heute erfährt[30]. Im Anschluß an *Engisch*[31] ist diese Parömie nur als Hilfsmittel einer vertieften Erfassung der

---

[26] *Kaskel-Dersch*, Arbeitsrecht[5] (1957) 24.

[27] Vgl. AP 1953, Nr. 143 und 222 sowie AP Nr. 5 zu § 5 ArbGG.

[28] Insbesondere in der Kontroverse zwischen *v. Maltzahn*, RdA 1955, 454 ff. und *Trieschmann*, RdA 1955, 52 ff.; 458 ff.; vgl. ferner *Savaète*, ArbuR 1959, 5 ff. Anders *v. Rehren*, Die arbeitsrechtliche Stellung von Krankenschwestern, Hamburger Diss. (1960) 23 f., der sich wegen der allgemeinen Irrelevanz von Motiven gegen eine Verallgemeinerung der betriebsverfassungsrechtlichen Ausnahmen ausspricht und zum Schluß kommt (S. 24): „Der im BetrVG und im PersVG zum Ausdruck gekommene Grundsatz kann nur aus den besonderen Zwecken dieser Gesetze verstanden werden und läßt sich in der dort ausgesprochenen Form nicht verallgemeinern."

[29] *Girgensohn*, S. 26.

[30] Vgl. BGHZ 17, 282 gegen RGZ 104, 56; 140, 239; 153, 23; BGHZ 11, 143.

[31] Einführung in das juristische Denken[2] (1956) 102 ff.; vgl. *Enneccerus-Nipperdey*, Lehrb. d. bürg. Rechts I[15] (1959) 296 f.; vgl. neuestens *Blagojević*, Eranion Maridakis II (1963) 43 ff.

r a t i o l e g i s[32] anzusehen. Ihr kommt kein absoluter Charakter zu, sie gilt nicht um ihrer selbst willen.

Während wir so einerseits zu einer Relativierung des Verbotes ausdehnender Interpretation und analog-erweiternder Anwendung von Sonderbestimmungen gelangen, müssen wir uns andererseits vor Augen halten, daß die Ausgangsbasis für verallgemeinernde Grundsätze über Arbeitsverhältnisse mit zurücktretender Erwerbsabsicht viel unsicherer ist, als man bisher erkannt hat. Die Dinge liegen ja nicht so, daß n u r das BetrVG der durch Beweggründe karitativer oder religiöser Art bestimmten Beschäftigung eine Sonderstellung einräumt[33]. Wie wir insbesondere im Zug der Musterung sondergesetzlicher Arbeitnehmerbegriffe gesehen haben, stößt man nicht nur in dem BetrVG eng verwandten Gesetzen wie dem BRG und dem PersVG, sondern auch in der RVO, im SchwBeschG, im JAschG und in den Gesetzen über die Arbeiterkammern Bremens und des Saarlandes auf Sonderbestimmungen für Arbeitsverhältnisse mit zurücktretender Erwerbsabsicht[34]. Wenn auch allen diesen Sonderbestimmungen einige Grundgedanken gemeinsam sind, so variieren sie doch untereinander so stark, daß es kaum möglich ist, ihnen feste Rechtssätze zu entnehmen, denen Allgemeingültigkeit vindiziert werden dürfte.

Schon eine Konfrontation von § 10 BRG mit § 4 II d BetrVG bereitet der Behauptung eines allgemeinen Rechtsgrundsatzes beträchtliche Schwierigkeiten. Anders als das BRG sieht ja das BetrVG keine Ausnahmestellung von Beschäftigungen vor, die vorwiegend durch Beweggründe wissenschaftlicher oder künstlerischer Art bestimmt werden. Während die herrschende Meinung[35] (mit Recht) daraus ableitet, daß Arbeit aus wissenschaftlichen und künstlerischen Beweggründen nun — freilich in den Schranken des § 81 BetrVG — vom Betriebsverfassungsrecht erfaßt wird, halten *Herschel-Steinmann*[35a] — kaum durch bloßes Versehen — für den Arbeitnehmerbegriff des KSchG an der älteren Abgrenzung fest. Sie berufen sich auf den allgemeinen Sprachgebrauch und die Verkehrsanschauung. So erhebt sich zur Behauptung einer Verallgemeinerung des § 4 II d BetrVG die Frage: Ist es die jeweils geltende Fassung des das

[32] Dazu nun besonders *I. Dekkers*, De momento rationis legis in legum interpretatione, 1960.

[33] *Nikisch*, Festschr. Hueck (1959) 4 geht dagegen in seiner Ableitung eines Rechtsgedankens von allgemeiner Gültigkeit davon aus, daß „nur für das Recht der Betriebsverfassung bestimmt“ sei, daß die Arbeitnehmereigenschaft dieser Personen nicht gegeben sei.

[34] Vgl. überdies § 3 des MTL in der Fassung der Richtlinien für die Regelung des Arbeitsvertragsrechtes der Arbeiten im kirchlichen Dienst, Kirchl. Amtsblatt der Evang. Kirche im Rheinland, 1962, S. 167 ff.

[35] Vgl. *Dietz*, BetrVG[3] (1960) 124.

[35a] Komm. z. KSchG[5] (1961) 71.

Betriebsverfassungsrecht regelnden Gesetzes, die den vorgeblich allgemeinen Rechtsgedanken determiniert? Sollte etwa, wenn eine Novelle zum BetrVG auch der erzieherischen Arbeit die Sonderstellung nach § 4 II d BetrVG einräumte, solche Arbeit auch vom allgemein arbeitsrechtlichen Arbeitnehmerbegriff ausgeschlossen werden?

Ihre kritische Pointe erhalten diese Fragen durch den Umstand, daß es ohnedies noch sondergesetzliche Arbeitnehmerbegriffe gibt, die an den Kriterien des § 10 BRG ganz oder teilweise festhalten. § 15 II des Gesetzes über die Errichtung einer Arbeiterkammer für das Saarland (Fassung vom 15. November 1960, ABl. 1960, 887) führt die vier ideellen Beweggründe an, die § 10 BRG genannt hatte. § 3 V Z. 2 des Gesetzes über die Arbeitnehmerkammern im Lande Bremen (vom 3. Juli 1956, GBl. 1956, 79) stellt zwar die künstlerischen, nicht aber die wissenschaftlichen Beweggründe den religiösen und karitativen Motiven gleich[36]. Demnach könnte die Behauptung gewagt werden, daß der Rechtsgedanke des § 4 II d BetrVG nicht viel allgemeiner sei, als der des § 10 II Z. 2 BRG und daß daher nicht einzusehen sei, weshalb nicht auch die durch künstlerische und vielleicht auch die durch wissenschaftliche Beweggründe bestimmte Arbeit vom allgemeinen Arbeitnehmerbegriff ausgenommen werde. Dieser Behauptung hätte nun ein Anhänger der Verallgemeinerung des Rechtsgedankens von § 4 II d BetrVG zu entgegnen, daß man eben nur auf jene Kriterien sehen dürfe, die dem BetrVG und den beiden Arbeiterkammergesetzen gemeinsam seien. Doch eine solche Reduktion auf einen gemeinsamen Nenner scheitert an einem anderen Sondergesetz, an § 3 III PersVertrG: Diese Bestimmung enthält ja nicht ein Kriterium m e h r als § 4 II d BetrVG, sondern ein Kriterium w e n i g e r ; sie läßt es nicht darauf ankommen, ob eine Beschäftigung in erster Linie dem Erwerb dient. Damit kann die Reihe der kritischen Fragen fortgesetzt werden: Warum sollen gerade die in § 4 II d BetrVG und nicht die in anderen Sondergesetzen enthaltenen und eben doch abweichenden[37] Kriterien Ausdruck eines allgemeinen Rechtsgedankens sein?

Auch mit einem Hinweis auf das besonders große Wirkungsfeld des BetrVG läßt sich das in dieser Frage liegende Bedenken gegen die Gedankenführung der herrschenden Lehre nicht entkräften. Das Wirkungsfeld der RVO ist ja nicht minder groß. Und doch weichen ihre Kriterien zur Erfassung zurücktretender Erwerbsabsicht, auf die sich *v. Maltzahn*[38] gegen eine arbeitsrechtliche Unterscheidung zwischen Ordensschwestern

---

[36] In diesem Zusammenhang ist es bemerkenswert, daß man wissenschaftliche Assistenten und Bibliothekare sowie Hilfsarbeiter in wissenschaftlichen Berufen schon zur Zeit der Geltung des BRG nicht vom Arbeitnehmerbegriff ausnahm: *Hueck-Nipperdey*, Lehrb. d. Arbeitsrechts I^{3-5} (1931) 51, Anm. 66.

[37] Dies gegen *Girgensohn* 24.

[38] RdA 1955, 455.

und Schwestern vom Roten Kreuz berief, deutlich von den Kriterien des § 4 II d BetrVG ab. Mit Recht hat *Trieschmann*[39] dagegen auf die sozialversicherungsrechtliche Spezialfunktion des § 172 RVO hingewiesen. Die Modifizierung der Kriterien des § 172 RVO durch § 167 des Referentenentwurfs zur Neuregelung des Rechts der sozialen Krankenversicherung zeigt klar, daß die Gefahr droht, vermeintlich allgemeine Rechtsgedanken von Novelle zu Novelle variieren zu müssen. Hält man zu den bisher besprochenen Sondergesetzen noch § 1 II Z. 1 JASchG, so ergeben sich für die destillationsartige Ableitung eines allgemein arbeitsrechtlichen Prinzips aus Sondergesetzen unüberwindliche Schwierigkeiten.

Es erweist sich als notwendig, den ganzen Problemzusammenhang des Verhältnisses zwischen dem Betriebsverfassungsrecht und dem allgemeinen Arbeitsrecht ins Auge zu fassen[40]. Eine isolierende Betrachtung nur der Fragen des Arbeitnehmerbegriffes kann nicht zum Ziel führen. Es gilt, auch auf andere Fragen zu sehen, bei denen für Sätze des Betriebsverfassungsrechts Wirkungen im Bereich des allgemeinen Arbeitsrechts, insbesondere des Arbeitsvertragsrechts, beansprucht werden. Als eine derartige Frage erscheint mir namentlich die Unterlassung einer Anhörung des Betriebsrates vor einer Kündigung.

Die um die Tragweite des § 66 I BetrVG entflammte Diskussion ist bekannt. Der Meinung, eine Kündigung ohne Anhörung des Betriebsrates sei dennoch wirksam[41], steht die Ansicht gegenüber, gegen das Gebot des § 66 I BetrVG verstoßende Kündigungen seien nichtig[42]. Eine Art Mittellösung hat das BAG entwickelt, das solche Kündigungen zwar als wirksam, aber doch als sozialwidrig qualifiziert[43]. In der Auseinandersetzung über diese drei Meinungen wurde immer wieder um das Argument gerungen, die Trennung des kollektiv konzipierten Betriebsverfassungsrechts vom individual angelegten Kündigungsschutzrecht verbiete es, aus § 66 BetrVG Grundsätze über die Wirkung von Kündigungserklärungen abzuleiten[44]. Unter denen, die § 66 BetrVG nicht über das Betriebsverfas-

---

[39] RdA 1955, 459.

[40] Vgl. daher aus der Diskussion über das Verhältnis zwischen individualen und kollektiven Gestaltungskräften im Arbeitsrecht *Siebert*, BB 1963, 241 ff.; Festschr. *Nipperdey* 119 ff.; *G. Müller*, DB 1958, 712 ff.; *Hilger*, Verh. d. 43. Dt. Juristentages (1960) II F 5 ff.; *G. Hueck*, Festschr. Molitor (1962) 203 ff.; *Karakatsanis*, Die kollektivrechtliche Gestaltung des Arbeitsverhältnisses und ihre Grenzen (1963).

[41] Nachweise bei *Neumann-Duesberg*, Betriebsverfassungsrecht (1960) 544, A. 104.

[42] Nachweise bei *Neumann-Duesberg*, a.a.O. 545, A. 105; vgl. vor allem *Reinhardt*, Festschr. Nikisch 112 ff. und *Siebert*, ebenda 127 ff.

[43] AP Nr. 1, 2, 4, 6, 9 und 10 zu § 66 BetrVG.

[44] Vgl. *Neumann-Duesberg*, a.a.O. 544 f.

sungsrecht hinauswirken lassen wollen, finden wir auch *Dietz*[45] und *Nikisch*[46] — also zwei Autoren, die dem § 4 II d BetrVG eine über das Betriebsverfassungsrecht hinaustragende Bedeutung zubilligen. Nun ist gewiß einzuräumen, daß es etwas anderes ist, ob man einem kollektivrechtlichen Gebot individualrechtliche Sanktionen zuordnet oder ob man einen Satz des kollektiven Rechts als Ausdruck eines allgemeineren Prinzips ansieht. Dennoch ergibt sich der Eindruck einer gewissen Inkonsequenz. Die Frage, nach welchen Kriterien jene Sätze des Betriebsverfassungsrechts ausgewählt werden sollen, die für Schlüsse auf allgemeinere Rechtsgedanken tauglicher Ausgangspunkt sind, drängt sich auf.

Unter diesem Aspekt ist es nützlich, sich die Fülle der möglichen Gestaltungen des Verhältnisses zwischen einem betriebsverfassungsrechtlichen und einem allgemein arbeitsrechtlichen Arbeitnehmerbegriff zu vergegenwärtigen. Das Beispiel des österreichischen Arbeitsrechts zeigt, daß der allgemein arbeitsrechtliche Arbeitnehmerbegriff sogar enger als der des Betriebsverfassungsrechts gefaßt werden kann. So bestimmt § 2 II des österreichischen Bundesgesetzes über die Errichtung von Betriebsvertretungen, vom 28. März 1947, öBGBl. 1947, Nr. 97[47]:

> „Dienstnehmer im Sinne dieses Bundesgesetzes sind alle im Betrieb beschäftigten Personen einschließlich der Lehrlinge ohne Unterschied des Alters und Geschlechts."

Diese Bestimmung stellt also nicht auf ein Vertragsverhältnis, sondern auf die tatsächliche Beschäftigung im Betrieb ab. Daher werden auch arbeitnehmerähnliche Personen als Dienstnehmer im Sinne dieser sondergesetzlichen Definition bezeichnet[48]; es wurden in einem Krankenhaus beschäftigte Schwestern des Dritten Ordens[49] und Krankenpflegeschülerinnen[50] in den betriebsverfassungsrechtlichen Dienstnehmerbegriff einbezogen. Die Annäherung an den sozialversicherungsrechtlichen Begriff des Beschäftigungsverhältnisses ist unverkennbar.

An dem § 4 BetrVG entsprechenden Ausnahmen nennt § 2 des öst. BRG nur die leitenden Angestellten mit maßgebendem Einfluß auf die Betriebsführung, die Heimarbeiter und Zwischenmeister, endlich die nur vorübergehend zu Ausbildungszwecken beschäftigten Personen. Diese Ausnahmen werden nach der Absicht des Gesetzgebers eng ausgelegt[51].

---

[45] BetrVG³ (1960) 636 „Auch hier muß unterschieden werden zwischen der Ebene der Betriebsverfassung und der des Einzelarbeitsverhältnisses."

[46] Arbeitsrecht I³ 773.

[47] Nun bei *Dittrich-Veit-Tades*, Arbeitsrecht² (1963) 398.

[48] Einigungsamt Graz, E. v. 9. 6. 1952, ArbSlg. 5439.

[49] Verwaltungsgerichtshof, E. v. 18. 2. 1954, ArbSlg. 5926.

[50] Einigungsamt Linz, E. v. 11. 8. 1959, ArbSlg. 7108.

[51] *Floretta-Strasser*, Kommentar zum Betriebsrätegesetz (1961) 37.

Wir sehen also: Jeder Gesetzgeber hat die Wahl, den betriebsverfassungsrechtlichen Arbeitnehmerbegriff enger oder weiter als den allgemein arbeitsrechtlichen Arbeitnehmerbegriff zu fassen. Beides ist möglich; möglich ist weiterhin eine Abgrenzung, die dazu führt, daß sich die beiden Bereiche wie schneidende Kreise verhalten[52].

An bei der Abgrenzung verwendbaren Kriterien bieten sich vor allem an:

1. Das Bestehen oder Fehlen eines Arbeitsvertrages.
2. Das Verhältnis des Erwerbsstrebens zu anderen Beweggründen der Beschäftigung.
3. Die Pflicht zur Entgeltzahlung und die objektive Höhe des Entgelts.

Die primäre Funktion aller dieser Kriterien liegt in der Fixierung des sondergesetzlichen Arbeitnehmerbegriffes. Nur sekundär kann es von Bedeutung sein, daß diese Kriterien zugleich den Ausdruck allgemeinerer Rechtsgedanken bilden. Daher fällt es schwer, Gehalt und Tragweite solcher allgemeiner Rechtsgedanken allein aus Sekundärfunktionen sondergesetzlicher Abgrenzungen abzuleiten. Daß sich derart recht nützliche Indizien ergeben, sei keineswegs bestritten. Überschätzt man diese jedoch, so ist man in Gefahr, mit dem Allgemeinen auch das Singulär-Exzeptionelle zum Prinzip zu erheben.

Gewiß wäre es ungleich einfacher, dürfte man die vom Betriebsverfassungsrecht gezogenen Grenzen auf das gesamte Arbeitsrecht übertragen. Doch eine derartige Analogie scheitert, wie wir gesehen haben, schon am Variantenreichtum der Sondergesetze. Es ist daher geboten, den beschwerlicheren Weg einer Strukturanalyse des Arbeitnehmerbegriffes einzuschlagen. Erst nach einer allgemein gehaltenen Prüfung der mit Entgelt und Erwerbsabsicht zusammenhängenden Konstituanten der Arbeitnehmereigenschaft wird es angehen, bei sondergesetzlichen Tatbeständen die Bestätigung der Ergebnisse dieser Strukturanalyse zu suchen.

D. Der Streit um die Entgeltlichkeit des Arbeitsverhältnisses.

Ist einmal erkannt, daß alles Für und Wider um Analogieschlüsse aus sondergesetzlichen Arbeitnehmerbegriffen keine Problemlösung vermitteln kann, so wird es notwendig, sich allgemeinen Aspekten zuzuwenden. Dabei stoßen wir sogleich auf die Frage, ob Bestand und Intensität der Erwerbsabsicht nicht etwa deshalb Beachtung fordern, weil der Dienstvertrag und mit ihm, als seine Unterart[1], der Arbeitsvertrag wesentlich

---

[52] Vgl. *Floretta-Strasser* a.a.O.

[1] Vgl. zuletzt *Larenz*, Lehrbuch des Schuldrechts II[6] (1964) 183.

entgeltlich wäre. Wir können daher der alten Streitfrage[2], ob der Dienstvertrag notwendig oder nur im Zweifel entgeltlich ist, nicht ausweichen. Sie ist heute erstarrt, aber nicht ausgetragen. Die Mehrheit der Zivilisten[3] tritt für, die Mehrheit der Arbeitsrechtler[4] gegen notwendige Entgeltlichkeit ein. Die Meinung der Mehrheit der Arbeitsrechtler mit dem Wortlaut der §§ 611 und 612 BGB zu vereinen, bereitet größere Schwierigkeiten, als bisher gesehen wurde. Die Unterscheidung zwischen freiem Dienstvertrag und abhängigem Arbeitsvertrag ist kaum geeignet[5], diese Schwierigkeiten auszuräumen. Liegt es aufs Erste auch nahe, den BGB-Dienstvertrag als wesentlich entgeltlich, den Arbeitsvertrag dagegen als nur im Zweifel entgeltlich zu qualifizieren, so scheitert eine solche Lösung doch daran, daß der Arbeitsvertrag bisher als Unterart des BGB-Dienstvertrages gilt und nicht völlig dem Wirkungsbereich der §§ 611 ff. BGB entzogen werden kann[6].

In § 611 I BGB spricht es stark für wesentliche Entgeltlichkeit von Dienst- und Arbeitsvertrag, daß die Verpflichtung zur Gewährung der vereinbarten Vergütung in die Angabe des Inhalts eines Dienstvertrages aufgenommen wurde. Diese Angabe erscheint ja leicht als Bezeichnung der essentiellen Vertragselemente. Dazu kommt, daß nach § 612 BGB eine Vergütung dann als stillschweigend vereinbart gilt, wenn die Dienstleistung den Umständen nach nur gegen eine Vergütung zu erwarten ist. Dies kann dazu führen, daß trotz des Fehlens einer ausdrücklichen Vergütungsvereinbarung ein Vertrag den in § 611 I BGB beschriebenen Merkmalen entsprechen kann.

---

[2] Für wesentliche Entgeltlichkeit des Arbeitsvertrages wohl schon *Lotmar*, Der Arbeitsvertrag I (1902) 34 ff.; vgl. ferner *Oertmann*, BGB-Kommentar, Schuldrecht[2] (1906) S. 594; *Leonhard*, Schuldrecht II (1931) 196 f.; *Enneccerus-Lehmann*, Lehrbuch d. bürg. Rechts[13] (1950) 570. Dagegen jedoch u. a. *Kreller*, AcP 122 (1924), 3 ff.; *Richter*, Grundverhältnisse d. Arbeitsrechts (1928) 14.

[3] *Enneccerus-Lehmann*, Lehrbuch d. Schuldrechts[15] (1958) 605; *Esser*, Schuldrecht[2] (1960) 576; *Larenz*, Lehrbuch d. Schuldrechts II[6] (1964) 186.

[4] *Kaskel-Dersch*, Arbeitsrecht[5] (1957) 23; *Nikisch*, Arbeitsrecht I[3] (1961) 94; *Wlotzke-Volze*, in *Soergel-Siebert*, Kommentar z. BGB[9] (1962) S. 383, 39 vor 611 BGB; *A. Hueck*, in Hueck-Nipperdey, Lehrbuch d. Arbeitsrechts I[7] (1963) 48; anders *Schnorr v. Carolsfeld*, Arbeitsrecht[2] (1954) 9 und seinerzeit *Kaskel*, Arbeitsrecht[3] (1928) 67; *Nipperdey-Mohnen-Neumann* in Staudingers Kommentar z. BGB[11] (1958) nehmen in N. 38 zu § 611 BGB „nur in seltenen Ausnahmefällen" einen unentgeltlichen Dienst- oder Arbeitsvertrag an.

[5] Zu ihr jüngst BGH AP Nr. 28 zu § 611 BGB Haftung des Arbeitnehmers mit Anm. v. *A. Hueck*; vgl. ferner *Isele*, NJW 1963 I. 1102; *Mayer-Maly*, VersR 1963, 834.

[6] Vgl. die Opponenten gegen AP Nr. 2 zu § 611 BGB Haftung des Arbeitnehmers, insbesondere die Anm. v. *A. Hueck* in AP; *Nikisch*, Arbeitsrecht I[3] (1961) 162; Mayer-Maly, JZ 1961, 205 ff.

Arbeit ohne Lohn anbieten oder bereit finden[11]. In solchen Fällen wird gewiß genau geprüft werden müssen, ob den Arbeitern die unentgeltliche Leistung ihrer Dienste nicht etwa in sittenwidriger Weise abgepreßt wurde. Doch zeigt ein Blick auf opfervolle Aufbauleistungen der ersten Nachkriegszeit, daß es abwegig wäre, solche Arbeit a priori aus dem Bereich des Arbeitsrechts und seiner Schutzbestimmungen zu weisen.

Die bei Beschränkung des Dienstvertrages auf entgeltliche Arbeit für sonstige Dienstleistungen maßgebliche Ordnung des Auftrages[12] ist der Problematik abhängiger, auf relative Dauer angelegter Arbeit nicht adäquat. Die Unterschiede ergeben sich ja nicht nur aus der typischen Unentgeltlichkeit des Auftrages und der typischen Entgeltlichkeit des Dienstvertrages[13]. Das Dienstverhältnis ist ja seinem Typ nach stärker auf Dauer angelegt als der Auftrag, andererseits zielt es weniger auf die Besorgung irgendeines bestimmten Geschäftes. Eine Konfrontation von § 671 BGB mit den § 620 ff. BGB zeigt diese Strukturunterschiede auf. Es kann also nicht eingewendet werden, daß die Anerkennung unentgeltlicher Dienstverhältnisse an der Unmöglichkeit einer Abgrenzung vom Auftrag scheitere, denn Fürsorge- und Treuepflichten setzen einen so stark personalen Akzent voraus, daß sie das unentgeltliche Dienstverhältnis scharf vom Auftrag abheben.

Jene, die für wesentliche Entgeltlichkeit von Dienst- oder Arbeitsverhältnissen plädieren, versuchen regelmäßig, den Hinweis auf die Unentbehrlichkeit von Treue- und Fürsorgepflicht sowie von anderen arbeitsrechtlichen Maximen damit zu entkräften, daß sie die Möglichkeit analoger Anwendung von Arbeitsrecht auf unentgeltliche Arbeitsverhältnisse einräumen. So sagt *Schnorr v. Carolsfeld*[14], es könnten allerdings trotzdem ausnahmsweise auch hier arbeitsrechtliche Vorschriften anzuwenden sein. Das gilt in erster Linie von öffentlich-rechtlichen Bestimmungen. Schnorr v. Carolsfeld stellt sogar das Prinzip auf, daß das, was einem entgeltlich Arbeitenden geschuldet ist, erst recht einem unentgeltlich Arbeitenden zugute kommen müsse. Umgekehrt könnten aber auch Rechte von Auftraggebern fehlen, die einem Arbeitgeber zuständen. Daher sei „unter der Berücksichtigung der eben angewandten Grundgedanken und des Ausgleichs der Interessenlage stets zu prüfen, welche der Rechtssätze für entgeltliche Arbeit auch für unentgeltliche angewendet werden müssen“.

---

[11] Hier statt Vereinbarung unentgeltlicher Arbeit nur Lohnverzicht anzunehmen, fällt für den Regelfall schon wegen § 4 TVG schwer.

[12] Für ihre Anwendung *Larenz*, Lehrbuch d. Schuldrechts II[6] (1964) 186.

[13] Zu den sich aus der (m. E. typischen, nicht auch wesentlichen, für *Larenz* aber wesentlichen) Entgeltlichkeit von Dienstverträgen ergebenden Bedenken gegen Analogieschlüsse im Verhältnis zwischen Auftrag und Dienstvertrag eingehend *Larenz*, SAE 1962, 198.

[14] Arbeitsrecht[2] (1954) 9.

Mit aller wünschenswerten Deutlichkeit zeigen diese Kriterien, daß nur die Anwendung des Arbeitsrechts auf alle Arbeitsverhältnisse, daß nur bloß dispositive Entgeltlichkeit des Dienstvertrages zu klaren und einfachen Problemlösungen führt. Allzu viele Unsicherheitsfaktoren, allzu viel Möglichkeiten des Für und Wider von Analogien stecken in den Voraussetzungen einer ausnahmsweisen Übertragung von Arbeitsrecht auf unentgeltliche Dienstleistungen[15]. Daß, wie *Schnorr v. Carolsfeld* empfiehlt, die Übertragung von Arbeitsrecht mehr als das eigentliche Arbeitsschutzrecht ausweitet, wird schon durch § 19 des Bundessozialhilfengesetzes (BSG) vom 30. Juni 1961 in Frage gestellt: Dort geht es um die Schaffung von Gelegenheiten zu gemeinnütziger oder zusätzlicher Arbeit für Hilfesuchende. Für solche Arbeit kann „entweder das übliche Arbeitsentgelt oder Hilfe zum Lebensunterhalt zuzüglich einer angemessenen Entschädigung für Mehraufwendungen gewährt werden". Für den Fall einer Gewährung von Hilfe zum Lebensunterhalt wird gemäß § 19 III BSG „kein Arbeitsverhältnis im Sinne des Arbeitsrechts und kein Beschäftigungsverhältnis im Sinne der gesetzlichen Kranken- und Rentenversicherung begründet. Die Vorschriften über den Arbeiterschutz finden jedoch Anwendung".

Der Gesetzgeber des BSG hat sich also entschlossen, den von ihm angestrebten Ausschluß vom Arbeitsrecht nicht über umstrittene Kriterien wie die des § 4 BetrVG herbeizuführen, sondern unmittelbar zu normieren. Zugleich wird die Übertragung des Arbeitsschutzrechts gesetzlich verankert. Daß daneben andere arbeitsrechtliche Grundsätze, etwa die Anerkennung einer Fürsorgepflicht, übertragen werden dürften, wird dadurch zweifelhaft: Der Gesetzgeber des BSG hat das Problem der Analogie ja gesehen, warum sollte er es nicht ausgeschöpft haben?

Daß es viel leichter fällt, Einzelausnahmen für an sich ins Arbeitsrecht fallende, wegen zurücktretender Erwerbsdienlichkeit aber besonders strukturierte Dienstverhältnisse zu begründen, soll das nächste Kapitel zeigen.

E. Die allgemein-arbeitsrechtliche Relevanz von Erwerbsabsicht und Erwerbsdienlichkeit.

Die Schutztendenz des Arbeitsrechts geht nicht nur allgemein von der Existenz persönlicher Abhängigkeit, sondern spezieller auch von der regel-

[15] Dies muß ich auch *Martinek*, DRdA 1962, 184 einwenden.

[1] Zur Frage, ob die Abhängigkeit der Arbeitnehmer i m m e r auch eine wirtschaftliche sein muß, zuletzt *Hueck-Nipperdey*, Lehrbuch d. Arbeitsrechts I[7] (1963) 35, 3.

mäßig ebenfalls gegebenen wirtschaftlichen Abhängigkeit[1] und insbesondere von der typischen Funktion des Lohnes als Existenzbasis aus. Schon deshalb erspart die Erkenntnis der nur dispositiven Entgeltlichkeit des Dienstvertrages nicht eine weitere Diskussion des allgemein arbeitsrechtlichen Verhältnisses zwischen Arbeit und Erwerb. Da diese Diskussion nicht am Wortlaut von § 4 II BetrVG ausgerichtet ist, hat sie neben der objektiven Erwerbsdienlichkeit der Arbeit die subjektive Erwerbsabsicht des Beschäftigten ins Auge zu fassen. Sogleich stößt man aber auf ein allgemein-privatrechtliches Bedenken gegen jede Berücksichtigung der Erwerbsabsicht und ihrer Intensität.

Zählt die Absicht, durch Arbeit zu erwerben, nicht zu den Motiven? Muß sie nicht deren prinzipielle Irrelevanz teilen?

Das Recht, das grundsätzlich nur äußeres Verhalten regelt, ist ja nicht in der Lage, Beweggründen Beachtung zu schenken. Der kuriose Einfall von *Girgensohn*[2], es läge nahe, „die Krankenschwester zu einer Äußerung über die Motive ihrer Tätigkeit zu veranlassen", macht die Grenzen deutlich, die trotz Wahrheitsserum und Lügendetektor dem Recht noch immer gesetzt sind.

So lehren *Kaskel-Dersch*[3] denn auch, der Beweggrund einer Arbeit sei grundsätzlich ohne Belang. Nur für sittenwidrige Beweggründe und für abweichende Regelungen und Sondergesetze schränken sie diesen Satz ein. Autoren, die anders als *Kaskel-Dersch* dem Zurücktreten der Erwerbsabsicht allgemein-arbeitrechtliche Bedeutung vindizieren, befinden sich in einer erheblich schwierigeren Position. Von ihnen hat besonders *Nikisch*[4] die Frage erwogen. Er anerkennt, daß „das Motiv, aus dem das Arbeitsverhältnis eingegangen wurde, nur dann von rechtlicher Bedeutung" ist, „wenn es nach dem Willen der Vertragsparteien die Rechtsstellung der Beteiligten maßgeblich bestimmen soll". *Nikisch* gelangt derart dazu, statt auf die Beweggründe der Einzelnen auf die satzungsgemäßen Zwecke von Organisationen zu sehen. Soweit diese Lehre als Interpretation von § 4 II BetrVG auftritt, stehen ihr die oben ausgeführten Argumente aus der Entstehungsgeschichte des § 10 BRG entgegen. Doch auch, wenn man sie von sondergesetzlichen Bestimmungen löst, kann ihr nicht gefolgt werden: Der nicht einer Organisation angehörende einzelne Helfer, den nur karitative oder religiöse Motive bestimmen, müßte ja anders behandelt werden als das Organisationsmitglied. Solcher Differenzierung fehlt aber die Legitimation.

Meines Erachtens liegt die Problemlösung bei der Frage nach der Tragweite des Prinzips von der Unbeachtlichkeit der Beweggründe. Entstan-

---

[2] S. 22; immerhin sieht *Girgensohn* ein, daß das von ihm erwogene Verfahren „häufig zu unbefriedigenden Ergebnissen führen" würde.

[3] Arbeitsrecht[5] (1957) 23.

[4] Arbeitsrecht I[3] (1961) 118 f.

den ist dieser Grundsatz im Rahmen der Irrtumslehre[5]. Er durchdringt nun die gesamte Lehre von der Entstehung der Rechtsgeschäfte. Ob es aber angeht, auch für die Abgrenzung der verschiedenen Rechtsgeschäfte auf die Berücksichtigung der Beweggründe zu verzichten, bedarf noch der Prüfung.

In der Lehre von der Entstehung der Rechtsgeschäfte hat die prinzipielle Irrelevanz aller Motive eine klare Funktion: Der nicht in die Erklärung einbezogene Beweggrund ist unerkennbar und unüberprüfbar; der Vertrauensgrundsatz fordert daher, daß sich niemand auf derartige Motive berufen darf[6].

Bei der Frage der Abgrenzung zwischen Rechtsinstituten ist die Bedeutung des Vertrauensgrundsatzes geringer. Wenn es bloß darum geht, sachgerechte Regeln für ein Rechtsverhältnis aufzufinden, spricht vieles dafür, dieses Rechtsverhältnis in allen seinen Dimensionen zu analysieren[7]. Freilich bereitet die Undurchdringlichkeit des menschlichen Motivationsprozesses auch dann Schwierigkeiten. In aller Regel wird man nur auf typische Objektivierungen von Beweggründen sehen können; die Formulierung des § 4 II d BetrVG, die auf das Bestimmt-Sein einer Beschäftigung durch einen Beweggrund abstellt, bringt das gut zum Ausdruck.

Die rechtstechnische Möglichkeit, typische Beweggründe durch objektivierende Formulierungen zu tauglichen Abgrenzungskriterien zu erheben, ergibt noch nicht die Richtigkeit einer Verwendung dieser Kriterien. Ein solches Urteil setzt vielmehr Schlüsse aus der Struktur der Konstituanten des Arbeitsverhältnisses voraus.

Es ist also geboten, zwischen den verschiedenen Institutionen des Arbeitsrechts zu unterscheiden. Jene von ihnen, die eng mit einem Anspruch auf Entgelt zusammenhängen, fordern sicherlich eine Berücksichtigung der Intensität der Erwerbsabsicht. Das ergibt sich zum Teil, so bei allen Formen der Lohnsicherung, schon aus der Natur der Sache. Bei anderen arbeitsrechtlichen Figuren begründet erst eine Wertung die Relevanz von Erwerbsabsicht und Erwerbsdienlichkeit. Dies ist insbesondere bei der Beschränkung kollektivrechtlicher Positionen auf erwerbsdienliche Arbeit der Fall. Von einem Austauschverhältnis völlig unabhängige Verpflichtungen wie die zur Fürsorge und Treue bleiben dagegen unberührt. Den

---

[5] Vgl. einerseits *Pringsheim,* Law Quarterly Review 49 (1933) 43 ff. und 379 ff., andererseits *Riccobono,* Studi Bonfante I 125 ff.; Mélanges Cornil II 348 ff.

[6] Zur Abhängigkeit der prinzipiellen Irrelevanz der Motive vom Vertrauensschutz zuletzt *Brox,* Die Einschränkung der Irrtumsanfechtung (1960) 73 f.

[7] Diesen Unterschied zur normalen Funktion der Beweggründe erfaßt *Philipsborn,* NZfAR 1931, 26, wenn er sagt, die Selbstlosigkeit der karitativen Arbeit sei „nicht nur ein Motiv, sondern auch Wesensbestandteil ihrer Tätigkeit". Zur Zulässigkeit solcher Wesensargumente nun *Scheuerle,* AcP 163 (1964) 435 f.

personalen Komponenten des Arbeitsverhältnisses kommt eben selbständige dogmatische Bedeutung zu.

Hält man sich diese Grundsätze vor Augen, so erscheinen die bisher so systemlosen sondergesetzlichen Ausnahmen vom Arbeitnehmerbegriff in neuem Licht. So hängen die sozialversicherungsrechtlichen Ausnahmen für Beschäftigungsverhältnisse mit geringer Erwerbsdienlichkeit eindeutig mit der Funktion des Lohnes als Beitragsgrundlage zusammen. Solche funktionale Zusammenhänge begegnen positivrechtlich fixiert auch im Arbeitsrecht: Die Bestimmungen des Schwerbeschädigtenrechts über die Abhängigkeit der Einstellungspflicht von der Zahl der Arbeitsplätze sehen im Arbeitsplatz eine potentielle Existenzgrundlage. Nicht primär erwerbsdienliche Beschäftigungen können daher der Einstellungspflicht nicht sinnvoll zugrunde gelegt werden.

Die Einschränkung des Arbeitnehmerbegriffs durch Ausnahmen in Arbeiterkammergesetzen haben dagegen nur mittelbar mit der Erwerbsdienlichkeit von Beschäftigungen zu tun. Im Vordergrund steht ein anderer Gesichtspunkt. Wer schon von den betriebsverfassungsrechtlichen Befugnissen der Arbeitnehmer ausgeschlossen ist, dem muß auch die Zugehörigkeit zu einer gesetzlichen überbetrieblichen Interessenvertretung verwehrt bleiben.

Damit stoßen wir auch auf die Frage nach der objektiven ratio der betriebsverfassungsrechtlichen Ausnahmen für nicht primär erwerbsdienliche Beschäftigungen. Gewiß fehlt es nicht an Beziehungen zu den synallagmatischen Elementen des Arbeitsverhältnisses; viele der von den §§ 56—59 BetrVG erfaßten Fragen berühren den Austausch von Arbeit und Lohn. Doch finden wir daneben ganz andersartige Institutionen wie das Wahlrecht und die Mitbestimmungsrechte in gesamtbetrieblich bedeutungsvollen Angelegenheiten. Als Grund dafür, daß diese den ohne dominierende Erwerbsabsichten Beschäftigten verwehrt werden, läßt sich vielerlei vermuten: Der Gedanke, die Orientierung an ideellen Motiven möge den Blick auf betriebliche Interessenlagen trüben, dürfte da eine Rolle spielen. Die sympathischere Erwägung, daß dem sozial-karitativ Bemühten die Spannungen der Auseinandersetzung über Fragen der Betriebsverfassung erspart bleiben sollen, kommt wohl auch zum Tragen. Für die Fälle des § 4 II e BetrVG wird entscheidend sein, daß der Erziehungs-, Heilungs- oder Besserungserfolg gewiß in Frage stünde, wollte man den zu Erziehenden, zu Heilenden oder zu Bessernden weitgehend mitbestimmen lassen. Dazu tritt in allen Fällen von § 4 II d und e BetrVG der Umstand, daß unter derart besonderen Umständen Beschäftigte dem vom Betriebsverfassungsrecht angesprochenen Durchschnittsarbeiter oft gar nicht als gleichwertige Kollegen erscheinen. Das Profil des Betriebsverfassungsrechts wird eben durch den Weg der Arbeiterbewegung mitgeprägt und hält daher auch noch in seiner heutigen Gestalt für den, der nicht so sehr um seines Lohnes willen arbeitet, keine passende Position bereit.

Daher kann nicht erwartet werden, daß die ratio kollektivrechtlicher Ausnahmen auch für die arbeitsvertragsrechtlichen und arbeitsschutzrechtlichen Institutionen zutrifft. Hier entscheidet nicht allein das Verhältnis zur Lohnzahlungspflicht. Der Urlaubsanspruch sollte daher von der Intensität der Erwerbsabsicht und der Erwerbsdienlichkeit durchaus unabhängig sein; das legitime Erholungsbedürfnis derer, die vorwiegend aus religiösen oder karitativen Beweggründen arbeiten, kann nicht geleugnet werden. Weshalb ihm nicht im Rahmen des allgemeinen Urlaubsrechts Rechnung getragen werden könnte und sollte, ist nicht einzusehen.

Entsprechende Gesichtspunkte ergeben sich zum Mutterschutzrecht. Der Anspruch auf Mutterschutz greift ja nicht allein um des Erwerbes der Mutter willen ein. Die Beschäftigungsverbote sind auch in einem unentgeltlichen Arbeitsverhältnis bedeutungsvoll; selbst bei relativ geringem Entgelt sind die Ansprüche auf Wochen- und Stillgeld sowie die Kündigungsverbote unentbehrlich, wenn das sozialethische Anliegen des Mutterschutzes respektiert bleiben soll.

Von Entgeltansprüchen weitgehend unabhängige Schutzgedanken beherrschen auch das Arbeitszeitrecht. Hier gilt es gerade im sozial-karitativen Arbeitsbereich, den Beschäftigten weniger vor Überbeanspruchung durch andere als davor zu schützen, daß er sich selbst überfordert.

Konfrontiert man diese Erwägungen mit der positivrechtlichen Umschreibung oder Voraussetzung des Arbeitnehmerbegriffes durch die verschiedenen Sondergesetze, so gelangt man zum Schluß, daß die Variation in der Berücksichtigung eines Zurücktretens der Erwerbsdienlichkeit von Beschäftigungen gar nicht so systemlos erfolgt, als es aufs erste den Anschein hat. Bei vielen Sondergesetzen, die keine Ausnahmen für Beschäftigungen aus bestimmten ideellen Beweggründen vorsehen, sprechen manifeste Schutzbedürfnisse in der Tat gegen solche Ausnahmen. Bei jenen Gesetzen, die Ausnahmen statuieren, wird immer eine spezielle ratio greifbar: Diese liegt entweder in der betriebssoziologischen Sonderstellung nicht primär auf Erwerb gerichteter Arbeit oder aber in der Abhängigkeit der geregelten Rechtsbeziehung von einer Entgeltzahlung.

Daß die sondergesetzlichen Differenzierungen in der Berücksichtigung des Erwerbsstrebens ihren guten Sinn haben, wird am Jugendarbeitsschutzgesetz besonders deutlich. Sein § 1 II 1 sieht nur eine dem § 4 II e BetrVG, nicht auch eine dem § 4 II d BetrVG entsprechende Ausnahme vor. Werden mit einer Beschäftigung überwiegend Zwecke der Erziehung, der Heilung oder des Schulunterrichts verfolgt, so geht es an, daß die Schutzanliegen des JASchG zugunsten pädagogischer Zielsetzungen zurücktreten. Diese gehen ja von eben jenen Wertungen aus, die auch den Jugendarbeitsschutz tragen. Die Verfolgung ideeller Beweggründe durch den beschäftigten Jugendlichen bildet dagegen keinen ausreichenden Grund, eine Ausnahme von den Bestimmungen des Jugendarbeitsschutzes anzuerkennen. Wir haben also einen Fall vor uns, in dem das Schweigen des Gesetzgebers beredt ist. Der Umkehrschluß, daß die in § 4 II d BetrVG genannten Beschäftigungen vom JASchG nicht ausgenommen wurden, ist unabweislich.

Die Möglichkeit sachlicher Rechtfertigung der unterschiedlichen Abgrenzung sondergesetzlicher Arbeitnehmerbegriffe bestätigt unsere Ansicht, daß Bestimmungen wie § 4 II d BetrVG nicht als Formulierung eines allgemeinen, das ganze Arbeitsrecht durchziehenden Rechtsgedankens gelten können. Das Verhältnis zwischen den Auswirkungen von Erwerbsabsicht und ideellen Beweggründen kann nicht für alle arbeitsrechtlichen Probleme gleich gesehen werden.

Weiterhin indizieren die bestehenden sondergesetzlichen Differenzierungen jene allgemeinen Kriterien, nach denen zu jedem Satz des Arbeitsrechts entschieden werden kann, ob er auch auf nicht primär erwerbsdienliche Beschäftigungen angewendet werden soll. Doch kann nicht verkannt werden, daß genug Zweifelsfälle verbleiben. So macht das KSchG keine Ausnahmen für religiös oder karitativ akzentuierte Beschäftigungen. Erblickt man die Funktion des Kündigungsschutzes in der Sicherung des Arbeitsplatzes als der Existenz des Arbeitnehmers, so ist es folgerichtig, Beschäftigungen im Sinne von § 4 II d und e BetrVG immer dann vom Kündigungsschutz auszunehmen, wenn gar kein oder ein als Haupterwerbsquelle nicht mehr zureichendes Entgelt zusteht. Anders liegen die Dinge, wenn man das Recht des Kündigungsschutzes als Element eines subjektiven Rechts am eigenen Arbeitsplatz betrachtet[8]. Könnte sich die Annahme eines solchen Rechtes durchsetzen, so wäre das Rechtsgut des Kündigungsschutzes mehr der Wirkungsbereich als die Erwerbsquelle des Arbeitnehmers; dann erschiene auch bei stark zurücktretender Erwerbsdienlichkeit der Beschäftigung Kündigungsschutz sinnvoll.

Ähnliche Schwierigkeiten werden sich bei gesetzlich weniger oder gar nicht erfaßten Problemen des Individualarbeitsrechts einstellen. So mag zur Behandlung der Schadenshaftung von Arbeitnehmern oder zum Anspruch auf Beschäftigung fraglich werden, ob die arbeitsrechtlichen Grundsätze auch anzuwenden sind, wenn die Beschäftigung nicht erwerbsdienlich ist. Es wird geboten sein, die nicht vermögensrechtlichen, nicht austauschbezogenen Elemente aller dieser Rechtsfiguren freizulegen, wenn mit Erfolg behauptet werden soll, daß trotz zurücktretender Erwerbsdienlichkeit einer Beschäftigung die arbeitsrechtlichen Maximen Geltung beanspruchen können.

So gewinnen wir auch für den „Anlaßfall" der neueren Diskussion des Verhältnisses von Erwerbsabsicht und Arbeitnehmereigenschaft, für den Arbeitnehmerbegriff des § 5 ArbGG, eine klare Lösung. Sinn und

---

[8] Vgl. etwa *Herschel*, RdA 1960, 121 ff. und dagegen *Wiedemann*, RdA 1961, 1 ff.

soziale Funktion der Arbeitsgerichtsbarkeit fordern ja auch bei persönlich abhängiger Arbeit ohne äquivalentes Entgelt alle Besonderheiten des arbeitsgerichtlichen Verfahrens[9].

Eine andere Frage ist es, ob neben dem Zurücktreten von Erwerbsabsicht und Erwerbsdienlichkeit zusätzliche Gesichtspunkte wie das Einwirken vom Arbeitsrecht unabhängiger, z. B. mitgliedschaftsrechtlicher Ordnungsprinzipien Bedeutung haben. Bisher, insbesondere in der Diskussion zu AP Nr. 1 zu § 5 ArbGG, wurden diese völlig verschiedenartigen Aspekte zu stark vermischt. Obwohl es unserer Fragestellung nur um die Auswirkungen der Intensität von Erwerbsabsicht und Erwerbsdienlichkeit geht, soll doch ein Abriß der Probleme um die Konkurrenz arbeitsrechtlicher mit anderen Bindungen versucht werden, damit auch diese Seite der typischen Anlaßfälle unserer Diskussion beleuchtet wird.

F. Die Konkurrenz arbeitsrechtlicher mit anderen Bindungen.

Die Intensität der Erfassung von Rechtssubjekten durch rechtliche Bindungen kann sehr unterschiedlich sein. Das einmalige Austauschgeschäft erzeugt weniger Bindungen als das Dauerschuldverhältnis, das schlichte Arbeitsverhältnis involviert eine geringere Treuepflicht als das Beamtenverhältnis. Als Beispiel totaler Erfassung einer Person durch ein Rechtsverhältnis sei die Behandlung der Ordenszugehörigkeit im Recht katholischer Staaten mit enger Verbindung von Staat und Kirche genannt.

Unter diesem Aspekt der Variationsmöglichkeit der Bindungen muß die Frage gesehen werden, in welchem Ausmaß neben einem Arbeitsverhältnis für weitere Bindungen Raum ist. Der Blick fällt dabei vor allem auf die Arbeitsleistung von Angehörigen religiöser Gemeinschaften[1], auf die Tätigkeit der Mitglieder karitativer oder sonst ideell ausgerichteter Verbände[2], auf die Arbeit von Gesellschafts- und Vereinsmitgliedern schlechthin[3], endlich auf Arbeitsleistungen im Familienverband[4].

---

[9] Dies gegen die Gründe von AP Nr. 1 zu § 5 ArbGG.

[1] Vgl. zur Bedeutung der Mitgliedschaft für das Arbeitsrecht im kirchlichen Bereich besonders *Molitor,* Festschr. Stohr II (1960) 231 ff.; *Scheuermann,* Archiv f. kath. Kirchenrecht 130 (1961) 325 ff.

[2] So lehrt *Nikisch,* Festschr. Hueck (1959) 11, das rechtliche Verhältnis einer Rote-Kreuz-Schwester zur Schwesternschaft erschöpfe sich in der Mitgliedschaft. Dem entspricht nun Art. 9, Abs. 1, S. 2 der Schwestern-Ordnung für die Schwesternschaften vom Deutschen Roten Kreuz in der Fassung vom 27. 8. 1963: „...; zwischen den Schwestern und dem Träger ihres Tätigkeitsbereiches bestehen keine Rechtsbeziehungen arbeitsvertraglicher oder dienstvertraglicher Art." Da freilich die Anwendung des Arbeitsrechts durch bloße Erklärung nicht ausgeschlossen werden kann, kommt der Aussage der Schwestern-Ordnung nur die Rolle eines Auslegungsbehelfes zu. Ergäbe eine Prüfung der faktischen

gehende Erfassung des Menschen anzunehmen sein. Regelmäßig sind es ja nur ganz bestimmte Zwecke, denen eine Gesellschaft oder ein Verein gilt. Bei solchen weniger umfassenden Zielsetzungen schließt die Mitgliedschaft die Möglichkeit eines wirtschaftlichen, auf Existenzsicherung durch Lohn zielenden Einsatzes der Arbeitskraft nicht aus. Daher kann ein Arbeitsverhältnis trotz Zugehörigkeit zu einer Gesellschaft oder zu einem Verein mit ideellen Zielen bestehen, wenn die Arbeitsleistung unter Bedingungen erfolgt, die den Verhältnissen am Arbeitsmarkt entsprechen. Ob bei den großen, nicht an einer bestimmten Religionsgemeinschaft ausgerichteten Schwesternverbänden eine solche Entsprechung zu bejahen oder zu verneinen ist, muß hier dahingestellt bleiben, da dazu Sachverhaltsfeststellungen erforderlich wären, für die es an den Voraussetzungen fehlt. Doch können die zur Beurteilung des festzustellenden Sachverhalts maßgeblichen Kriterien umrissen werden. Einerseits die Bindung der einzelnen Schwestern an ein Weisungsrecht der Beschäftigenden, andererseits das Maß der Möglichkeit des Mitglieds, auf die Willensbildung seines Verbandes einzuwirken, erscheinen mir am wichtigsten. Daneben können Arbeitszeitregelung, Urlaubsgestaltung und Karrieremöglichkeit als Indizien der Arbeitnehmereigenschaft Beachtung finden. Auch das durch *Schnorr v. Carolsfeld*[8] herausgestellte Kriterium der Beteiligung am Risiko ist von maßgeblicher Bedeutung. Regelmäßig werden diese Kriterien konvergieren; fallen sie einmal doch auseinander (z. B. Unabhängigkeit ohne Teilnahme am Risiko), wird man die für und gegen ein Arbeitsverhältnis sprechenden Umstände abwägen müssen.

Das Fehlen eines Interessengegensatzes zwischen Arbeitgeber und Arbeitnehmer, auf das bisweilen hingewiesen wird[9], schließt die Möglichkeit der Annahme eines Arbeitsverhältnisses nicht aus. Interessengegensätze sind im Arbeitsrecht zwar typisch, aber nicht wesentlich. Überdies lehrt die Erfahrung, daß es trotz gemeinsamer Orientierung an einer ideellen Zielsetzung genug Interessengegensätze zu geben pflegt, die ausreichen, um mit den für das Arbeitsrecht typischen Verhältnissen verglichen zu werden.

Gegenüber anderen Gesellschaften und Vereinen mit ideellen Zielsetzungen kommt Einrichtungen von Religionsgemeinschaften eine Sonderstellung zu. Diese Sonderstellung äußert sich nicht nur im Betriebsverfassungsrecht (§ 81 II BetrVG), sondern auch im Bereich des allgemeinen Arbeitsrechts[10]; sie wird oft als Ausdruck besonderer Intensität mitgliedschaftlicher Bindung angesehen[11] und wirkt so als Argument für

---

[8] Festschr. Hueck (1959) 262.

[9] Vgl. *C. Frick*, Die Rechtsstellung der Diakonisse (o. J) 112 ff.; *Kalisch*, ZevKR 2 (1952) 57.

[10] Vgl. schon RAGE 8, Nr. 11 (S. 45) mit problematischer Bejahung der Arbeitnehmerähnlichkeit von Hilfsdiakonen, dann BGHZ 18, 373 ff. und BGHZ 22, 383 ff.

[11] Vgl. *Molitor*, Festschr. Stohr II (1960) 231 ff.

die Unmöglichkeit eines Nebeneinanders mitgliedschaftlicher und arbeitsrechtlicher Rechtsregeln.

Wie wir aber schon bei der Interpretation des Verhältnisses von § 81 II BetrVG zu § 4 II und § 81 I BetrVG gesehen haben, kommt bei aller Arbeit für Religionsgemeinschaften noch ein ganz anders konzipierter Rechtsgedanke ins Spiel: die Autonomie. Diese schließt Arbeitsrecht überhaupt nicht aus, sie fordert bloß eigenes Arbeitsrecht der autonomen Gemeinschaft an Stelle der staatlichen Ordnung. Dabei kann es hier dahingestellt bleiben, ob es derart zu wechselseitiger Rezeption (der staatlichen Ordnung durch die kirchliche und der kirchlichen durch die staatliche) kommt[12] oder ob sich die Schaffung von Autonomie in einem Regelungsverzicht des Staates, in der Respektierung einer nicht staatlichen Rechtsetzungsautorität erschöpft[13]. Die auf Grund der Autonomie geschaffenen Ordnungen erscheinen nach beiden Konzeptionen als Arbeitsrecht. Exemplifiziert wird dies etwa durch die Notverordnung über die Regelung des für die kirchlichen Angestellten geltenden Dienstrechts vom 13. 7. 1961[14], die weitgehend zur Übertragung des BAT führt.

So wie das allgemein-staatliche Arbeitsrecht Ausnahmen von seinem Arbeitnehmerbegriff macht, so sehen auch kirchliche Ordnungen gewisse Ausnahmen vor. Personen, die in kirchlichen Einrichtungen lediglich zu Erziehungszwecken, aus therapeutischen oder karitativen Gründen beschäftigt werden, sind nach Art. 1, Abs. 1 der zitierten Notverordnung von der Anwendung des BAT ausgenommen, wenn dies vor Aufnahme der Beschäftigung schriftlich[15] vereinbart worden ist. Während eine den Kriterien des § 4 II d BetrVG entsprechende Ausnahme im Bereich des kirchlichen Dienstes sinnwidrig wäre, bleibt Raum für die soeben angeführte, dem § 4 II e BetrVG nahestehende Ausnahme.

Die „Richtlinien für Arbeitsverträge in den Anstalten und Einrichtungen des Deutschen Caritasverbandes"[16] enthalten in II (2) gleichfalls dem § 4 II e BetrVG stark verwandte Ausnahmen für Beschäftigung aus Gründen der körperlichen Heilung, der Wiedereingewöhnung, der sitt-

---

[12] Vgl. *Melichar's* bisher zu wenig beachtete Konzeption in Jur. Blätter 1957, 57 ff. und dazu *Antoniolli,* Öst. Archiv f. Kirchenrecht 1959, 229 ff.; *Ermacora,* Handbuch der Grundfreiheiten und der Menschenrechte (1963) 412 ff.

[13] Vgl. *Kalisch,* ZevKR 2 (1952) 24 ff.; *Mikat,* bei *Bettermann-Nipperdey-Scheuner,* Die Grundrechte IX 1 (1960) 171 ff. — Zur Problematik des Autonomiebegriffes im Arbeitsrecht *Floretta,* DRdA 1959, 54 f.; *Galperin,* Festschr. Molitor (1962) 143 ff.; *Mayer-Maly,* RdA 1963, 165.

[14] KABl. 1961, 63; Kirchl. Arbeitsvertragsrecht i. Rheinland (hg. v. Landesverband Innere Mission Rheinland, 1963) 135.

[15] Zu Bedeutung und Sanktion von Schriftformgeboten im Arbeitsrecht vgl. *Mayer-Maly,* SAE 1963, 223 f. gegen das Urteil des BAG v. 4. 6. 1963, 5 AZR 16/63.

[16] Herausgegeben von der Ständigen arbeitsrechtlichen Kommission des Deutschen Caritasverbandes, Freiburg i. Br. (1960).

lichen Besserung oder Erziehung sowie für nicht in erster Linie aus Gründen einer Erwerbstätigkeit, sondern vorwiegend zur Ausbildung oder Betreuung erfolgende Beschäftigungen. Es bildet eben eine notwendige Konsequenz des arbeitsrechtlichen Charakters auch der auf völliger oder teilweiser Autonomie beruhenden Ordnungen, daß in diesem Sonderbereich Ausnahmen vom Arbeitnehmerbegriff notwendig werden. Schon daraus ersehen wir, daß die Arbeit im Bereich religiös ausgerichteter Gemeinschaften keineswegs a priori dem Arbeitsrecht entzogen ist. Treffend kommt die Möglichkeit eines Nebeneinander mitgliedschaftlicher und arbeitsrechtlicher Bindungen in I der zitierten Richtlinien zum Ausdruck, wenn von den Mitarbeitern der Caritas gesagt wird: „Sie bilden ohne Rücksicht auf ihre arbeitsrechtliche Stellung eine Dienstgemeinschaft zur gemeinsamen Erfüllung des dieser Gemeinschaft aufgetragenen kirchlichen Werkes" (Sperrung von mir). Innerhalb wie außerhalb von Autonomie schließen Mitgliedschaftsband und Arbeitsrecht einander nicht aus.

Mit der Problemlage bei der Arbeit in religiösen Gemeinschaften ist die der Arbeit im Familienverband strukturell verwandt. Auch die Familie ist auf eine gewisse Autonomie hin angelegt, der Staat überläßt die Ordnung ihrer Angelegenheiten weithin den Trägern der elterlichen Gewalt. Natürliche Rechte der Eltern werden von Art. 6 II GG ausdrücklich anerkannt[17]. Vergleicht man diese Position mit der Diskussion über die Kirchenautonomie, so wird deutlich, daß wir hier ganz eindeutig nicht Delegation, sondern Voraussetzung des autonomen Bereiches vor uns haben.

In diesem Licht sind die zivilrechtlichen Bestimmungen über Pflichten zur Mitarbeit im Familienverband zu sehen. Mit ihnen trägt das staatliche Recht der inneren Ordnung der von ihm vorausgesetzten, als naturrechtlich fundiert anerkannten Familie Rechnung. Dies gilt für die Dienste des Kindes in Haus und Geschäft (§ 1617 BGB) ebenso wie für die Pflicht zur Mitarbeit unter Ehegatten (§ 1356 II BGB).

Stellt sich eine Arbeitsleistung lediglich als Erfüllung von Verpflichtungen aus § 1356 II BGB oder aus § 1617 BGB dar, so fehlt es an einem Arbeitsverhältnis im Sinne des Arbeitsrechts. Mit der Einigkeit über diesen Satz[18] ist aber wenig gewonnen. Offen bleibt ja, wann eine Arbeitsleistung sich lediglich als Erfüllung familienrechtlicher Verpflichtungen darstellt. Dafür kann man entweder auf den Rechtsfolgewillen der Beteiligten oder auf die Beschaffenheit der Dienstleistung sehen; schließlich kann es zu einer Kombination dieser Kriterien kommen.

---

[17] Vgl. *Scheffler*, bei *Bettermann-Nipperdey-Scheuner*, Die Grundrechte IV 1 (1960) 249 f. und *H. Peters*, ebenda 374.

[18] Vgl. *Gernhuber*, FamRZ 1958, 243 ff.; *Nikisch*, Arbeitsrecht I³ (1961) 108 ff.

Die Orientierung am Rechtsfolgewillen führt zur Prüfung der Frage, ob eine ausdrückliche oder schlüssige Einigung auf einen Arbeitsvertrag vorliegt. *Siebert*[19] hat starke Gründe dafür gefunden, daß Arbeitsverhältnisse zwischen Ehegatten auch die bereits durch § 1356 II BGB gebotenen Leistungen zum Gegenstand haben können. Diese Gründe kommen jedoch nur zum Tragen, wenn es klar feststeht, daß die Parteien ein reguläres Arbeitsverhältnis wollten. Im Zweifel wird schon wegen § 850 h ZPO anzunehmen sein, daß durch § 1356 oder § 1617 BGB gebotene Leistungen nicht auf Grund eines Arbeitsvertrages erbracht werden. Auch wird bei ausdrücklicher Begründung eines Arbeitsverhältnisses immer darauf zu sehen sein, ob dieses nicht nur ein Instrument der Gesetzesumgehung bilden soll.

Gehen die Dienste über das durch § 1356 oder § 1617 BGB gebotene Maß hinaus, so liegt es näher, auf sie Arbeitsrecht anzuwenden. Dabei kommt es meines Erachtens weniger auf die Gegenleistung, sondern vor allem auf die soziale Bewertung der Arbeitsleistung an. Hat das Familienmitglied einen Arbeitsplatz wie andere Arbeitnehmer auch, so kann sogar ein stillschweigend geschlossener Arbeitsvertrag angenommen werden. Führt dagegen bloß der außerordentlich starke Einsatz für die Familie zur Überschreitung der Pflichten aus dem BGB, so spricht nichts für einen Arbeitsvertrag. Bemerkenswert ist dabei die Position des BetrVG: In § 4 II f nimmt es Verwandte und Verschwägerte ersten Grades, die in häuslicher Gemeinschaft mit dem Arbeitgeber leben, vom betriebsverfassungsrechtlichen Arbeitnehmerbegriff aus. *Fitting-Kraegeloh-Auffarth*[20] sehen ganz richtig, daß so die betriebsverfassungsrechtliche Arbeitnehmereigenschaft auch dann verneint wird, wenn einmal doch ein echtes Arbeitsverhältnis zwischen Ehegatten oder Eltern und Kindern besteht. Das beweist schlagend, daß die Ausnahmen des § 4 II BetrVG doch nichts anderes als Sondernormen sind, deren Verallgemeinerung verfehlt wäre. Zugleich wird deutlich, daß die Rechtsordnung für das allgemeine Arbeitsrecht sehr wohl mit der Möglichkeit eines Nebeneinanders familiärer und arbeitsrechtlicher Bindungen rechnet.

Auch in ihrer familienrechtlichen Gestalt schließen mitgliedschaftliche Rechtsbeziehungen die Möglichkeit arbeitsrechtlicher Beziehungen nicht notwendig aus. Selten nur stoßen wir auf Mitgliedschaften von solcher Totalität, daß für die gewöhnlichen bürgerlichen Rechtsbeziehungen überhaupt kein Raum bleibt. Daher kann es vielfach auch dann bei den oben aufgestellten Regeln über die Bedeutung von Erwerbsabsicht und Erwerbsdienlichkeit bleiben, wenn das Zurücktreten der Erwerbsorientierung mit mitgliedschaftlichen Bindungen Hand in Hand geht.

---

[19] Steuerberater-Jahrbuch 1958/59, 219 f.; vgl. seither E. d. BVerfG v. 8. 7. 1963, FamRZ 1963, 419.

[20] BetrVG^{6} (1962) 75.

SACHREGISTER

FSC
www.fsc.org
MIX
Papier | Fördert
gute Waldnutzung
FSC® C083411

Kolibri 360 GmbH
Ferdinand-Jühlke-Straße 7
99095 Erfurt, Deutschland
produktsicherheit@kolibri360.de

Die
Ausbildung der Juristen.

Vortrag

gehalten in der

Juristischen Gesellschaft zu Frankfurt a. M.

von

Dr. Ernst Jacobi,
ord. Professor an der Universität Münster i. W.

Berlin 1912.
J. Guttentag, Verlagsbuchhandlung,
G. m. b. H.

Inhaltsverzeichnis.

§ 1. Einleitung.

Die Frage nach der Reform der Vorbildung der Juristen kam im wesentlichen durch die bekannte Schrift Zitelmanns im Jahre 1909[1]) in lebhafteren Fluß. Schon vorher war es aber wohl allen Dozenten längst klar, daß es so nicht mehr weiter gehen kann. Die Mehrzahl des preußischen juristischen Nachwuchses besucht die Universität nicht, also bleibt nur übrig, daß wir die Studenten in die Universität hineinbekommen oder daß wir den Luxus der juristischen Fakultäten beseitigen.[1a]) — Die Klage über Kollegienflucht der jungen Juristen ist alt. Aus den letzten ca. 30 Jahren brauche ich nur an Gierkes Schrift[2]) aus dem Jahre 1877, an Lisztz Rektoratsrede[3]) 1866, an Goldschmidts[4]) berühmte Schrift 1887 erinnern. Dabei heben die beiden letzten Schriften ein Moment hervor, das zugleich den Hauptgrund des Übels aufzudecken vermag: die mangelnde Schärfe des ersten Examens.

Goldschmidt, damals a. o. Professor in Heidelberg, hat kurze Zeit in Karlsruhe in der Examenkommission mitgewirkt. Er, aus Preußen dorthin gekommen, war erstaunt, was für Anforderungen in Baden im 1. Examen gestellt wurden, und was die Kandidaten für gründliches Wissen und für eine gute Arbeitsmethode mitbrachten. Aber er sah im Examen auch Gesichter, die ihm aus den Vorlesungen bekannt waren, darunter „der Mehrzahl nach die flottesten Korpsburschen, die die Vorlesungen regelmäßig besucht, auch wohl zu Hause ordentlich studiert hatten“. Die preußischen

---

[1]) Die Vorbildung der Juristen. Leipzig 1909. [1a]) Das. S. 9.

[2]) Die jur. Studienordn., Jahrb. f. Gesetzgeb., Verwalt. und Volkswirtsch. Neue Folge I, 1, 1897.

[3]) Die Reform des jur. Studiums in Preußen. Berlin 1886.

[4]) Rechtsstudium u. Prüfungsord. Stuttgart 1887.

Studenten dagegen haben sich — auch im Gegensatz zu den übrigen Norddeutschen in Heidelberg — dadurch ausgezeichnet, daß sie weder ein Praktikum noch Quellenexegesen besuchten.

Und Liszt klagt 1886, daß ihm in Marburg die im Verhältnis zu Gießen und Graz geringe, und dabei von Semester zu Semester noch fallende Frequenz im Besuch der Vorlesungen entgegengetreten wäre, der einer erschreckenden Unwissenheit der Kandidaten im Examen entsprochen hätte. Er habe keinen (!) Kandidaten in Marburg kennen gelernt, der imstande gewesen wäre, in Gießen oder Graz auch mit der schlechtesten Note das Examen zu bestehen.

Die Klage von Zitelmann über den schlechten Besuch der Bonner Vorlesungen ist ja noch in unser aller Ohr. Dabei vermag ich aus eigener Wissenschaft anzugeben, daß ich einen anregenderen, sich seinem Lehrberuf mehr hingebenden Lehrer als Z. nicht kennen gelernt habe. Der Besuch seiner Vorlesungen war im Sommer 1888 beklagenswert. Nach seiner Schilderung scheint es jetzt nicht besser zu sein.

In Münster ist zwischen den „wichtigen Vorlesungen", d. h. denen, auf die im Examen nach den Erfahrungen der Studenten Wert gelegt wird, und den weniger wichtigen zu unterscheiden. Hiernach bemißt sich der Besuch.

In die „wichtigen" Vorlesungen (römisches Recht, heutiges bürgerliches Recht, Zivilprozeß Teil I) kommen $^1/_3$ bis $^1/_2$ der Beleger, in die weniger wichtigen (Zivilprozeß II, Staatsrecht) weniger, in die unwichtigen (Völkerrecht, Kirchenrecht, Strafprozeß, Preußische Rechtsentwickelung) oft so gut wie keiner nämlich ca. 5 %.

In den Übungen ist der Besuch besser, zum Teil recht befriedigend, er wäre noch besser, wenn die Übungen nicht oft mit den Kursen der Repetitoren kollidierten.

Diese kläglichen Ergebnisse werden nicht geändert durch den Widerspruch einzelner. Ein Beispiel dafür bietet etwa Kahl auf dem Deutschen Juristentage 1901:

> „Soweit — sagt er — davon . . . ausgegangen wird, daß unsere juristischen Studenten typisch faul sind, muß ich vom Standpunkt der Erfahrung der Gegenwart dem hier auf das allerbestimmteste und feierlichste widersprechen."

niveau. Staunenswert ist es z. B., in welchem Maße die Kenntnis im Lateinischen und in der Geschichte dahingeschwunden sind!

Es ist nämlich die interessante Tatsache festzunageln, daß die stud. juris, die ihre juristischen Vorlesungen sausen lassen, nun nicht etwa mit ihrem nie gesehenen Fleiße die Vorlesungen der übrigen Dozenten stürmen — einzelne in die Mode gekommene kurze Vorlesungen ausgenommen — sondern sie tun gar nichts für ihre Fortbildung. Damit gehen sie denn auch geistig zurück. Ich habe wiederholt Leute gefunden, die nach ihrem Abiturientenzeugnis einen guten deutschen Aufsatz geschrieben haben, und die sich im schriftlichen Examen nur noch ungeschickt auszudrücken vermochten, ja deren Examensarbeiten von groben grammatischen Fehlern geradezu wimmelten, und die Herren Praktiker werden ja auch den Stil der Referendare aus deren Anfängertätigkeit kennen.

Die Weisheit ferner, die der Student sich beim Repetitor holt, ist natürlich sehr gering. Ich will von den Repetitoren ganz absehen, die den Kandidaten nur auf die bestimmten Personen der Examinatoren drillen. Wenn ich aber auch nur die Repetitoren ins Auge fasse, die sich wirklich bestreben, die Studenten ins jus einzuweihen, so können sie doch auch nicht mehr leisten, als menschenmöglich ist, nämlich ihnen das beibringen, was in drei Semestern von einem normalen Menschen gelernt werden kann. Und da der Stoff ein dergestalt großer ist, daß für ihn vier Jahre gerade ausreichen, so ergibt sich

1. Unsicherheit und Oberflächlichkeit im Wissen, selbst in den Elementen und
2. absolute Unfähigkeit in judizieller Beziehung;
3. eindringendes Studium irgendeines Spezialgebietes fehlt bei diesen Studenten natürlich ganz.

Soll das so bleiben?

Man wird, sagte schon Gierke, mit dem Hinweis auf die Vortrefflichkeit des preußischen Beamtenstandes erwidern. Ich möchte dem zunächst entgegnen, daß man dann doch die Konsequenzen zu ziehen wagen und die juristischen Fakultäten abschaffen soll. Ferner waren doch früher die Verhältnisse noch günstiger. Denn früher haben ja die meisten Juristen auch drei Semester lang regelmäßig nicht viel getan, aber nachher haben sie sich dann doch vorwiegend einem Fache, nämlich den Pandekten, mit einiger Gründlichkeit gewidmet, während heute viele Fächer mit gleichmäßiger Oberflächlichkeit betrieben werden. Endlich möchte Gierkes Wort jetzt schon noch wahrer als ehemals geworden sein: Man solle, sagt G., sich vorsehen, daß es dem Axiom von der Vortrefflichkeit unseres Beamtenstandes nicht wie manchem anderen ergehe. Es werde so oft wiederholt und so unerschütterlich geglaubt, bis sich endlich eines Tages zeige, daß es wahr gewesen sei. Ist der Ruf nach Sondergerichten, nach Justiz- und Verwaltungsreform, der Ruf endlich nach freier, also anderer als der jetzt üblichen Rechtsfindung ein Zeichen von der Zufriedenheit mit unseren Beamten? „Das Vertrauen in die Rechtsprechung ist entschwunden," ruft der Frankfurter Oberbürgermeister Adickes aus! Will man nicht ferner jetzt den zukünftigen Konsuln und Diplomaten eine bessere Ausbildung zuteil werden lassen, schreit man nicht nach Technikern in der Verwaltung? Ich bin nicht berufen, hierüber ein Urteil abzugeben, sicher aber ist, daß bei gehöriger Ausnutzung der Studienzeit jedenfalls mehr geleistet werden könnte als geleistet wird. Und das genügt in einer Zeit, in der an jeden, der nicht gerade Jurist ist, überall die höchstmöglichen Anforderungen gestellt werden.

§ 2. Dozenten.

Man sucht da Mangel zum großen Teil an den Dozenten. Vor allem wirft man ihnen vor, sie seien zu langweilig, zu abstrakt, zu trocken. Ob das im Durchschnitt zutrifft, ist schwer zu sagen. Aber mißtrauisch macht es doch, daß die Dozenten Preußens, wenn sie nach Süddeutschland kommen, dort aufgesucht, die nach Preußen berufenen Süddeutschen aber hier von den Preußen gemieden werden, während sie, wie etwa Goldschmidt von sich sagen konnte, doch für den Ausländer noch immer interessant bleiben. Und wie merkwürdig, daß auch die nichtjuristischen Professoren, Philosophen, Historiker ausgerechnet für die Juristen langweilig sind, aber nicht für die Studenten der übrigen Fakultäten. Der Hinweis auf die zum Teil vorzüglich besuchten Vorlesungen besonders befähigter Lehrer beweist hiergegen gar nichts. Natürlich soll nicht geleugnet werden, daß es gute und schlechte Dozenten gibt, und daß die guten Dozenten mehr Zulauf haben als die schlechten.

Aber da kann die Regierung nicht genug gebeten werden, nur solche Männer auf Lehrkanzeln zu berufen, die neben der unentbehrlichen Fähigkeit als Forscher auch mindestens ausreichende Lehrbefähigung haben. Ein anderes Mittel als dieses und die Konkurrenzmöglichkeit anderer Professoren gibt es dagegen nicht. Allerdings die Zulässigkeit der Konkurrenz sollte dann auch nicht beseitigt werden.

Jedenfalls hilft nichts der Ruf nach Praktikern bei Besetzung der Lehrstühle.

Selbstverständlich spricht nichts dafür, daß die, die ihre Tätigkeit der rein wissenschaftlichen Erforschung des Rechts zuwenden, irgendeine Anlage für den Jugendunterricht haben, aber ebensowenig für die, die sich rein praktisch betätigen. Jedoch es kann doch wohl nicht geleugnet werden, daß nur derjenige die Theorie lehren kann, der sie beherrscht. Würde der Praktiker lehren, so müßte er sich erst der Arbeit unterziehen, sich den gegenwärtigen Stand der Theorie noch anzueignen. Es würde eine Arbeitskumulation statt einer Arbeitsteilung erfolgen.

Aber sogar auch das Verlangen, daß die praktischen Übungen von Praktikern abgehalten werden sollten, halte ich für durchaus unbegründet. Ich möchte die sämtlichen Herren Praktiker aus der Prüfungskommission als Sachverständige dafür aufrufen, daß sie eine Minderbegabung der sich mit Rechtsdogmatik befassenden Professoren in der Entscheidung von Rechtsfällen während der Prüfung nicht wahrgenommen haben. Hat sich das Niveau der Referendarien nicht auch seit den praktischen Zwangsübungen gehoben? Und werden diese nicht von Theoretikern abgehalten? Und in der Tat ist die Arbeitsmethode des Theoretikers nicht weniger geeignet zur Entscheidung von Rechtsfällen als die des Praktikers. Denn wenn der Dogmatiker zur Feststellung einer Rechtsregel kommen will, so kann er das nur, indem er sich die in das Gebiet des Rechtssatzes gehörigen denkbaren Fälle vorzustellen und sie unter die Regeln zu bringen sucht. Also auch er denkt genau so an der Hand von Fällen, wie der Praktiker. Der Unterschied liegt lediglich darin, daß der Praktiker nur beschränkt in der Theoriebildung fortschreitet, nämlich nur so weit, als er sie zur Entscheidung des Falles nötig hat, während es dem Theoretiker darum zu tun ist, die ermittelten Thesen in ihrer ganzen Ausdehnung festzustellen.

Ich muß gestehen, ich würde es geradezu als ein bitteres Unrecht empfinden, wenn uns die Jugend gerade dort aus der Hand genommen würde, wo der Jurist in seinem vollen Beruf ist, bei der Entscheidung von Rechtsfällen.

Eine weitere Frage ist die, ob man nicht mindestens vom juristischen Dozenten erwarten muß, daß er eine vollständige praktische Ausbildung genossen, daß er also das Assessorexamen abgelegt habe. Zunächst möchte ich doch da auf die Konsequenz aufmerksam machen, daß man dann vom Publizisten die Ablegung nicht des Gerichtsassessor-, sondern des Verwaltungsassessorexamens fordern müßte, und daß die Justizjuristen mit ihrem bedingungslosen Ausschluß von diesem Fach gewiß nicht zufrieden sein würden. Aber es ist auch meines Erachtens gar nicht nötig, daß der Dozent einstens Praktiker gewesen sein muß. Die Lehrbefähigung ist gewiß keine Folge der Praxis, sie hat mit ihr vielmehr gar nichts zu tun. Sie setzt zweierlei notwendig voraus:

1. die Fähigkeit, seine Gedanken klar zum Ausdruck zu bringen und
2. Liebe zur Jugend, die man unterrichten zu dürfen als Freude empfinden muß.

Man denkt gewiß: Wer in der Praxis gewesen, dem müsse ein ganz anderer praktischer Stoff zu Gebote stehen als dem Nichtpraktiker. Aber bieten denn nicht die tausendfach veröffentlichten Entscheidungen einen geradezu unübersehbaren Stoff? Und es gibt jetzt keinen Professor, der unter völliger Beiseitesetzung dieses Materials sich Lampenscheinfälle bilden müßte. Kommt aber der Praktiker in die Theorie, so wird auch er bald entdecken, daß ihm durch die Bewältigung des theoretischen Stoffes solche Last zugemutet wird, daß er die Entscheidungsflut, die sich über ihn ergießt, nicht mehr im entferntesten durcharbeiten kann.

Und nun die Probe auf das Exempel: Dernburg hat das Assessorexamen nicht gemacht. Wer würde ihn unter unseren Dozenten entbehren mögen?

Zwar hat manchem Studenten, was ich nie verstanden habe, seine Vortragsweise nicht gefallen. Aber keiner hat es gewagt, zu behaupten, daß der von ihm vorgetragene Stoff — und hierauf allein kommt es bei unserer Frage an — nicht praktisch genug gestaltet gewesen wäre. Ferner ist mir von einem jungen Romanisten vor kurzem von einwandsfreier Seite erzählt worden, daß er eine besondere Lehrbefähigung besitze, nämlich im Gegensatz zu seinen Kollegen an der entsprechenden Fakultät es fertig bekomme, sein Kolleg über das römische Recht stets gefüllt zu behalten. Dieser Professor hat kaum 1—2 Jahre als Referendar gewirkt!

Ich kann im Gegensatz dazu auf eine Stadt, sie liegt irgendwo im Osten Preußens, hinweisen: Hier sind für die Referendare Kurse zum Referieren eingerichtet, die Beteiligung ist obligatorisch. Ich kenne den die Kurse abhaltenden Richter nicht. Aber gewiß wird er ja doch von seinem Präsidenten als besonders geeignet gehalten sein. Nun der Erfolg: Von den ca. 25 Referendarien kommen durchschnittlich die Hälfte. Und wenn es gar zuwenig werden, dann wird den Säumigen mit Anzeige beim Präsidenten gedroht, darauf füllt sich dann wieder der Saal eine Zeit lang. Ähnliche Erlebnisse hat man, wie weitere Erkundigungen ergaben, auch anderswo gemacht. Man gebe also mal hier volle Freiheit wie an der Universität. Die Erfolge dort wären nicht besser wie die hier.

Ich halte es also für ein durch nichts begründetes Vorurteil, anzunehmen, daß die durch die Praxis Vorgebildeten zum Unterricht besser geeignet seien. Die Lehrbefähigung hat mit der Scheidung von Theorie und Praxis effektiv nichts zu tun!

Ein unbestreitbarer Vorzug des Praktikers ist ja der, daß er, an den Entscheidungen von Fällen gewöhnt, alles, was nicht zur aufgeworfenen Frage gehört, sofort ausscheidet, während der Theoretiker sich oft nur mit Überwindung vor der Versuchung rettet, interessante Dinge zu besprechen, auf die er durch das Thema hingeführt wird. Aber die Kehrseite des Assessorexamens und einer sich daran vielleicht noch anschließenden mehrjährigen Praxis ist nicht gering anzuschlagen. Ich kenne sie am eigenen Leibe: Vom Referendar- bis zum Assessorexamen bleibt ja nicht viel Zeit für ununterbrochene rein wissenschaftliche Vorbereitung für ein Spezialfach. Die von praktischer Arbeit freie Zeit muß für die Vorbereitung zum zweiten Examen benutzt werden. Und die praktische Tätigkeit nach dem Assessorexamen, durch Kommissorien fortgesetzt unterbrochen, läßt auch nicht viel Zeit hierfür übrig. Dann ist man ziemlich alt, um sich als Theoretiker hinter die ältere und neuere wissenschaftliche Literatur zu setzen — oder notwendige historische und philologische ev. auch philosophische Studien zu betreiben. Man fühlt sich da anderen gegenüber, die von Anfang an systematisch auf ihre akademische Karriere hingearbeitet haben, in vieler Beziehung im Hintertreffen. Ich will nicht sagen: es sei besser, unter Umgehung des Assessorexamens sich sofort auf die Theorie zu stürzen. Aber wer es wagen will, sein Leben auf die eine Karte der akademischen Laufbahn zu setzen, dem würde ich es raten. Als Dozent wäre er deswegen nicht schlechter.

§ 3. Die Art der Vorlesungen.

Man hat den Grund der Kollegienflucht in der Art der Vorlesungen, die den Studenten zu einem unselbständigen Hören unter Ausschaltung eigenen Eingreifens zwingen, zu finden gesucht. Man hat Konversatorien und Praktika verlangt, und gleichzeitig die vom Katheder heruntergelesenen systematischen Vorlesungen bekämpft. Nun bestehen ja überall die Konversatorien und Praktika, allerdings nur nebenher. Sollen sie nun den Kern der Vorlesungen bilden oder sogar die systematischen Vorlesungen verdrängen? Dagegen meint Otto Fischer[1]), mit Aufgabe der theoretischen Vorlesungen würde die Jurisprudenz aus der Reihe der Wissenschaften ausscheiden, denn unter Wissenschaft sei nur der Inbegriff von Wahrheiten zu verstehen, der mittels der Begriffe zu einem Ganzen verbunden sei.

---

[1]) Rechtsunterricht u. BGB., 1896, S. 57.

Hiervon ist gewiß wahr: Die Jurisprudenz, die nicht mit Begriffen rechnet, ist keine Wissenschaft. Jedoch folgt hieraus noch nicht, wie Fischer annimmt, daß die Vorlesungen selbst auch systematisch die Begriffe vorführen müßten. Es wäre denkbar, daß trotzdem an der Universität in den geeigneten Disziplinen nur konversatorisch Fälle behandelt würden; dies nämlich, wenn man sich nicht darauf versteifte, die juristischen Wissenschaften Ignoranten ab ovo zu übermitteln, sondern voraussetzte, daß die Studenten sich das Rechtssystem aus Kompendien und Lehrbüchern aneignen würden, und die dorther erworbene Wissenschaft in den Lehrvorträgen nur vertieft werden sollte.

Es bleibt also noch die Frage, ob es denn zweckmäßig ist, daß die Vorlesungen von der Übermittelung der gesamten Rechtswissenschaft absehen sollen. Und diese Frage würde ich allerdings verneinen.

Zwar macht Goldschmidt[1]) gegen die Verweisung auf Bücher zur Erlernung des Rechtsstoffes mit Unrecht geltend, daß die Bücher gewissermaßen versteinert seien, nämlich die letzte, neueste Literatur nicht berücksichtigten, nicht einmal immer die letzte Ansicht des Verfassers wiedergeben. Aber die Vorlesungen wären dann eben dazu da, konversatorisch den Bücherstoff zu kritisieren.

Und der anderweit erhobene Einwand, der Student wisse ja gar nicht, in welcher Weise er des Stoffes Herr werden, wo er anfangen, wie er fortfahren solle, schlägt gewiß nicht durch. Denn sobald sich die Universitäten zu dem auch hier bekämpften Grundsatz bekennen würden, würden natürlich in geradezu unerwünschter Massenhaftigkeit Bücher, die hierfür gute und schleche Ratschläge erteilten, emporwachsen. Aber auch die Dozenten würden selbstverständlich den Studenten hilfreich zur Seite stehen.

Jedoch die Jurisprudenz ist nicht leicht genug, um aus Büchern richtig verstanden zu werden. Jedenfalls ist gar nicht daran zu denken, daß sich unsere heutigen juristischen Studenten, womöglich gar die in den Anfangssemestern, darauf einlassen würden, sich zu Hause aus Büchern vorzubereiten und sich dann in der Vorlesung auf Frage- und Antwortspiel einzulassen; und

---

[1]) a. a. O. S. 283.

es muß noch ganz anders kommen, ehe auch die vorgeschrittenen Studenten hierzu die Hand bieten werden. Allerdings bekommt der Repetitor so etwas fertig. Aber einmal heißt es für die Studenten, die zu ihm gegangen sind: Iß oder stirb! Und ferner fällt da die Scheu vor der Blamage bei schlechten Antworten weg. Zunächst ist der Repetitor später nicht Examinator. Ferner sind die guten und besten Studenten beim Repetitor nicht zu finden, sondern ein ziemlich gleichartiger Durchschnitt. — Konversatorien an der Universität nach häuslicher Vorbereitung der Studierenden sind also unmöglich. Es muß daher der gesamte Stoff vorgetragen werden mit Ausnahme derjenigen sorgfältig auszuwählenden Partien, von denen vorauszusetzen ist, daß der normale Student sie an der Hand literarischer Hilfsmittel allein richtig erfassen werde.

Aber man wird sich immer mehr darüber einig, daß die vom Dozenten nur vom Katheder herab gehaltenen Vorträge keineswegs ausreichen. So meint z. B. auch Rümelin[1]), damit der Student von vornherein angehalten werde, die Kunst der Rechtsanwendung zu erlernen — worin er mit Recht das Hauptziel des Unterrichts sieht — deshalb müßten von vornherein Übungen neben dem theoretischen Unterricht herlaufen, in denen das theoretisch Erlernte im Anschluß an das System der theoretischen Vorlesungen behandelt werden müsse. Er und viele andere berichten als Ergebnis solcher Nebenübungen die Erkenntnis, wie erstaunlich wenig von dem in den systematischen Vorlesungen Vorgetragenen verstanden, wie wenig behalten worden sei. Das scheint mir aber deutlich zu zeigen, daß diese Methode noch nicht die richtige ist. Meines Erachtens hätten nicht zwei nebeneinander gehende Vorlesungen stattzufinden, sondern eine einzige, theoretisch-praktische. Im Anschluß an einen soeben vorgetragenen Abschnitt, oder auch an einen soeben entwickelten schwierigeren Rechtssatz, insbesondere an eine Streitfrage, müßten die praktischen Folgen konversatorisch erläutert werden. Das wird sich regelmäßig durch Vortrag eines Falles, der den Studenten zur Entscheidung vorgelegt wird, herbeiführen lassen: insbesondere ist bei der Streit-

[1]) Der zivilistische Unterricht u. das BGB., Freiburg u. Leipzig 1896.

hätten zu Hause weniger mit der Durcharbeitung des Stoffes zu tun.

Gerland befürwortet eine Abkürzung der systematischen Vorlesungen noch deshalb, weil er hofft, daß dadurch für Einzelfragen Zeit gewonnen werde. Er hat vom Standpunkt des Dozenten aus recht, aber nicht von dem des Studenten. Dessen Arbeitslast würde ja dadurch nur vermehrt, daß er sich eine große Stoffmasse privatim aneignen müßte. Bei Verlängerung der Studienzeit muß es sich allerdings ermöglichen lassen, daß der Student außer den nötigen systematischen Kollegs noch jedes Semester mehrere Spezialkollegs hört, aber es geht bei der Stoffmasse einfach nicht an, daß er hierauf seine Haupttätigkeit an der Universität verlegt. Meines Erachtens wären solche, möglichst rein konservatorisch oder seminaristisch zu gestaltenden Übungsvorlesungen über Spezialgebiete zweckmäßig zwar auch für die fortgeschrittenen Studenten, aber hauptsächlich für Referendare oder Assessoren zu halten, die zur Universität zurückkehren und neben derartigen Übungen auch Spezialvorlesungen über Gefängniskunde, Verbrecherkunde, Psychologie, aber auch allgemein wissenschaftliche Vorlesungen hörten.

Aber ich möchte nochmals betonen: Ich würde an die Stelle der systematisch-konversatorischen Vorlesungen lieber rein konversatorische setzen, wenn ich die Aneignung des Stoffes aus Büchern zur Vorbereitung auf das Konversatorium nicht für zu schwer hielte. Daher ist es nicht ausgeschlossen, daß sich die dogmatischen Vorlesungen für fortgeschrittene Studenten durch reine Konversatorien ersetzen lassen, wenn die Studenten zu bestimmen sein sollten, sich auf diese Konversatorien vorzubereiten. Diese Möglichkeit ist für die Zukunft nicht von der Hand zu weisen.

Wenn das Zwischenexamen eingeführt werden sollte, und wenn nach dessen Ablegung mit Studenten gerechnet werden könnte, die sich die Grundlagen ihres Fachs zu eigen gemacht und an ihm Interesse gewonnen hätten, dann ließe sich in der Tat erproben, ob sich nicht für die nach den ZwEx. zu hörenden Vorlesungen ein lediglich konversatorischer Betrieb ermöglichen ließe. Doch das wäre Zukunftsmusik. Heute, und später auch für die Anfangsvorlesungen muß es bei systematisch-konversatorischen Vorlesungen bleiben. Daß neben solchen systematischen Vorlesungen trotzdem die reinen Übungsvorlesungen nicht überflüssig sind, brauche ich ja in diesem Kreise kaum weiter zu begründen. Ich glaube mich im Gegenteil denen anschließen zu müssen, die meinen, daß zu jedem systematischen Kolleg oder zu Gruppen von ihnen (z. B. für Zivilprozeß und Konkurs) ein Praktikum gehöre, damit der Student nicht bloß lernt, sondern auch die Kunst der Rechtsanwendung übt, damit er den Wert der Regeln kennen lernt, den Blick und die Entschlußkraft schärft, das Urteil stählt, mit einem Worte, damit er juristisch tätig ist.

Es fragt sich nur, ob denn ein Zwang zum Hören von Vorlesungen ausgeübt werden soll. Gerland sagt „ja", denn dieser Zwang bedeute nur den Zwang zum systematischen Handeln. Aber wie soll der Zwang durchgeführt werden? Durch Kontrolle? Gegen die Kontrolle wendet man nämlich mit Recht ein, daß ja ohne volle Schuldisziplin günstigstenfalls erreicht würde, daß die Studenten nur körperlich anwesend sein würden. — Aber was erreicht man durch die Zwangskollegs ohne Kontrolle? Daß die Studenten die Vorlesungen bezahlen!

Meines Erachtens müßte den Studenten volle Freiheit im Belegen der Vorlesungen eingeräumt werden, so daß sie vor allem in der Lage sind, dies oder jenes auch wichtige Kolleg nur privatim zu studieren, insbesondere auch deshalb, weil ihnen die Individualität des Dozenten nicht gefällt, der gerade zu der Zeit das Kolleg liest, zu der sie es damals bei ordnungsmäßigem Studium hören mußten.

Man wende nicht ein: dann könne ja auch ein Student vielleicht so wenig an der Universität hören, daß von dem im Sinne des GVG. notwendigen Studium an einer deutschen Universität nicht mehr die Rede sein könne. Denn damit wird eben keiner gehört, daß ihm alle Professoren oder doch deren Mehrzahl nicht gefallen habe.

Besondere Betrachtung erfordern diejenigen Zwangsübungen, über deren Erfolg Praktikantenscheine ausgestellt werden. Der Vorzug solcher Scheine ist ja einleuchtend: Gerade in den Vorlesungen, in denen der Student sich selbständig betätigen soll, wird er durch besondere Mittel zum energischen Arbeiten veranlaßt. Aber man behauptet, daß dieser Vorzug aufgehoben und überwogen werde durch die moralischen Folgen, die sich an die Praktikantenscheine knüpfen: Selbst gewerbsmäßige Anfertiger der Arbeiten, die die Grundlage für das Zeugnis bilden müssen, sollen vorkommen. Wenn sich nun auch die Mehrheit der Studenten von solchem Tun fernhalten wird, und wenn die anderen dafür natürlich selbst und nicht der Praktikantenschein verantwortlich ist, so ist doch die Tätigkeit der Professoren, die sich sagen müssen, daß sie Arbeiten Fremder mit Mühe und Sorgfalt durchkorrigieren, keine beneidenswerte. Ferner spricht das Verhältnis, in dem wir zu den Studenten stehen, gegen die Praktikantenscheine: Man steht seinen Studenten nicht als Richter oder Zensor, sondern als freundschaftlicher Berater und Lehrer gegenüber, und da ist es eine höchst fatale Geschichte, einem Studenten das Zeugnis zu verweigern oder ein schlechtes Zeugnis zu geben.

Dazu kommt aber ein Moment, das auch bei der Wahl der Examenskommisson eine Rolle spielt: Der eine Dozent ist milde, der andere streng, der eine gibt leichte Arbeiten, der andere schwere, daher ist bei dem einen der Praktikantenschein ohne Anstrengung, beim anderen nur nach harter Arbeit und dann auch nur unsicher zu erlangen. Und bei der notorischen Kurzsichtigkeit vieler Studenten, denen es nicht auf das fernere Ziel, etwas zu lernen, sondern auf das allernächste: den Praktikantenschein leicht und sicher zu erringen, ankommt, strömen sie dem milden Dozenten, der leichte Arbeiten gibt, in Massen zu, und der vielleicht tüchtigere Dozent findet leere Hörsäle. Ich führe folgenden Fall an: Ein Zivilprozessualist benutzte verfehlterweise das Prozeßpraktikum dazu, die Studenten in die formularmäßig zu erledigenden Dinge des Prozeßrechts einzuweihen. Die häuslichen Arbeiten bestanden in der Ausfüllung von Formularen. Die Arbeiten gelangen natürlich ohne jede Anstrengung und die Erlangung des Zeugnisses war sichergestellt. Das Kolleg des anderen Prozessualisten, eines auch von den Studenten höchst anerkannten Lehrers, litten darunter. Hier zwar wurde für Abhilfe gesorgt. Aber wie milde Prüfungskommissionen die Gefahr in sich tragen, das allgemeine Examensniveau zu drücken, so können auch milde Dozenten die praktischen Übungen und die Praktikantenscheine entwerten. Und solcher milden Dozenten gibt es nicht wenige. Das

Universitätsstudium, wie es ist und wie es bleiben muß, haßt jede Schärfe, Spitze und Schneidigkeit, die das Band zwischen Dozenten und Studenten zu einem schülermäßigen machen könnte. Es kann nur einen Zwang geben, den, der durch drohende Examina ausgeübt werden kann. Und da können in der Tat die Examensvorschriften helfen. Man setze an Stelle der drei Klausuren eine zivilrechtliche mehr, verbinde mit jeder zivilrechtlichen Klausur eine zivilprozessuale, mit jeder strafrechtlichen eine strafprozeßrechtliche, und die Atteste sind auf das beste ersetzt. Ersetzt in dem Sinne, daß die größere Anzahl von Klausuren ein viel deutlicheres Bild von dem Kandidaten geben, als die akademischen Zeugnisse, die sehr verschiedenwertig sind — ersetzt in dem Sinne, daß sie zum Besuch der Übungen viel mehr anreizen werden als der Praktikantenschein, und zwar zu einem nicht bloß körperlichen Besuch, und nicht zur Abgabe von Arbeiten, die von Dritten angefertigt sind.

Man hat vorgeschlagen, die Zahl der Hörer in den konversatorischen Übungen zu beschränken. Hierzu meine ich folgendes:

Ich muß gestehen, daß viel für eine Beschränkung der Hörer spricht. Ich hatte mich auch früher hierfür ausgesprochen, habe aber nach nochmaliger Überlegung eine entgegengesetzte Auffassung gewonnen. Zunächst muß ja davon ausgegangen werden, daß selbst, wenn man sich zum Freunde des numerus clausus bekännte, die Zahl der Hörer eine ungleich größere sein kann, als etwa in einer Schulstube. Denn im Schulbetrieb soll der Lehrer über die Reife jedes Schülers ein Urteil abgeben können, was bei uns nach Aufhebung des Praktikantenscheins nicht mehr nötig wäre. Auch muß der Lehrer im Schulbetrieb pädagogisch erzieherisch wirken, insbesondere dafür sorgen, daß jeder einzelne fleißig ist. Bei uns ist nur nötig, daß jedes Bedenken eines Studenten gegen die gefundene Entscheidung aufgeklärt, und daß die Unklarheit derer, die den Fall mitbearbeitet haben, beseitigt wird. Denn wenn auch die, die sich nicht vorbereitet haben, ihre Unkenntnis in primitiven Dingen vorbringen könnten, so würden dadurch die Fleißigen geschädigt.

Man muß aber nun auch weiter erwägen, daß der numerus clausus eine erhebliche Beschränkung der Lernfreiheit mit sich bringt. Sobald die Übungszeugnisse beseitigt sind, ist es doch nur die Persönlichkeit des Dozenten, die die große Zahl anzieht, wenn andere Professoren ebenso Übungen abhalten. Wenn nun die Studenten, die die Übungen nur deshalb besuchen, um dort etwas zu lernen, trotzdem den einen Dozenten bevorzugen, obgleich sie die Mängel des Massenbesuchs erkennen, so müssen sie doch in dem ihnen Dargebotenen reichen Ersatz erhoffen. Aber das dürfte als notwendiges Korrelat des numerus apertus zu fordern sein, daß mehr als ein Dozent für jede Übung bereit ist, auch an den kleinen Universitäten. Und dies läßt sich schon jetzt überall erreichen.

§ 4. Rechtsstoff.

Es wird ferner der Stoff, der den Studenten in den Vorlesungen geboten wird, für zu spröde gehalten, und damit die Interesselosigkeit erklärt. Aber dann bleibt nichts übrig, als die Interesselosen laufen zu lassen, und das wäre für die vielen, vielzuvielen das beste. Jedoch es werden auch speziellere Wünsche vorgebracht; auf der einen Seite wird Beschneidung der historischen Fächer, auf der anderen Studium neuer Fächer gefordert.

Zunächst das Studium der Rechtsgeschichte.

Ihre Notwendigkeit wird damit begründet, daß sie zum Verständnis des heutigen Rechts nötig sei und daß man so erkenne, welche Rechtsinstitute im Absterben begriffen, also zu beseitigen seien (Fischer), weil man ferner an der Rechtsgeschichte das Wesen des Rechts, nämlich seine Relativität erkenne (Gerland). Aber diese Begründung reicht nicht aus. Um das heutige Recht zu verstehen, wird es nicht nötig sein, längst verschollene Institute kennen zu lernen. Um zu wissen, welche Rechtsinstitute absterben, brauchen die längst abgestorbenen nicht untersucht zu werden. Und wäre der Zweck des Rechtsstudiums die Einsicht in die Relativität des Rechts, so würde die Rechtsgeschichte sehr gut durch das Studium ausländischer Rechte ersetzt werden können, das die Verschiedenheit örtlich verschiedener Rechte darzulegen vermöchte; der Vergleich der Rechte zweier beliebiger Völker, am besten aber wohl das Recht eines kulturell hochentwickelten und das eines primitiven Volkes würden hier die gleichen Dienste leisten; und für den Nachweis, daß das Recht eines Volkes sich auch in der Zeit ändere, brauchte nicht unsere gesamte Rechtsentwickelung systematisch vorgetragen, sondern beliebige Rechtsinstitute dieses oder jenes eigenen oder fremden Rechtes, die besonders dem Wandel unterworfen waren, könnten herausgegriffen und in geschichtlicher Entwickelung betrachtet werden. Man sieht: der Zweck des rechtsgeschichtlichen Studiums ist nicht der der Erkenntnis des Satzes, daß auch im Rechte die Regel gilt: πάντα ῥεῖ; er liegt tiefer, nämlich im wissenschaftlichen Denken überhaupt. Die wahre Wissenschaft beruht auf dem Triebe des Menschen, über die Dinge der ihn umgebenden Welt die Wahrheit zu erfahren, insbesondere über das Woher, Wohin, Wozu. In dieser Beziehung gehen Geistes- und Naturwissenschaften durchaus konform. Um den Wissenstrieb nach dem Woher zu befriedigen, studiert z. B. der Mediziner nicht weniger wie der Botaniker und Zoologe die Abstammungslehre. Er weiß ganz gut, daß er damit keinem Menschen in seiner Krankheit helfen kann, aber er will wissen, woher der Körper kommt, der der Gegenstand seines Studiums ist, und so dient die Rechtsgeschichte dem Juristen dazu, den in ihm wohnenden Drang zu stillen, daß er wisse, woher das Recht stammt, das er einst anzuwenden hat. L. von Stein[1]) sagt mit Recht, daß man die Systematisierung der Vielheit der Fälle auch wohl Rechtswissenschaft nenne, daß es aber nicht die wahre Wissenschaft sei. Wissen heiße vielmehr: „Ein Seiendes als Folge eines anderen erkennen," also auch die Rechtswissenschaft sei die Verschmelzung des Rechts mit dem Urgrunde alles Seins. Bei der Erforschung des Werdeganges des Rechts erfährt man dann zugleich nebenher etwas Besonderes: Es fällt nämlich neben der Konstanz auch die Veränderlichkeit auf. Daraus folgt die Einsicht in die Nationalität und die Relativität des Rechts. Die Veränderlichkeit wiederum gibt Anlaß zur Frage nach dem „Warum?" der Veränderung. Und aus der Beantwortung dieser Frage ergibt sich, welche Faktoren das Recht zu bilden vermögen.

Das Studium der Rechtsgeschichte ist also zunächst, seinem Zwecke nach, ein rein wissenschaftliches. Man will wissen und

---

[1]) Die deutsche Rechtswissenschaft, Gruchot I, S. 525.

nur wissen, wie es früher gewesen ist, ohne Rücksicht auf jeden praktischen Erfolg. Gleichwohl bleibt der Erfolg für die Praxis nicht aus. Soweit ich sehe, beruht dieser auf folgendem:

1. Das Gesetz kann sich, um seinen Inhalt zum Ausdruck zu bringen, nur der Worte bedienen. Diese sind ohne Kenntnis des Rechtszustandes zur Zeit des Erlasses vielfach z. T. gar nicht verständlich, z. T. oft mißverständlich.
2. Aus dem Studium der Rechtsgeschichte lernt man weiter den Grund und damit das Ziel eines jeden Satzes erforschen. Und man weiß, daß gerade dies beides die Seele des Gesetzes ist.
3. Die rechtsgeschichtliche Forschung kann uns Anlaß geben, zersprengte Einzelstücke unseres heutigen Rechts selbst dann unter einem einheitlichen Gesichtspunkt zu erfassen, wenn dieser im Recht der Vergangenheit eine drastischere Geltung gefunden hat als im heutigen Recht (z. B. Gewere- und Veranlassungsprinzip).
4. Ein tüchtiger Arzt bedauerte mir gegenüber einmal, daß die Medizin nicht historisch genug betrieben würde. Er begründet die Klage damit, daß einmal auf diese Weise viele früher mit Erfolg betriebenen Heilmethoden in Vergessenheit gerieten, die dann vielfach wieder von Kurpfuschern aufgelesen würden, und daß man anderseits auf Heilmittel griffe, die schon früher versucht, die sich praktisch aber nicht bewährt hätten.

Die Anwendung auf die Gesetzgebung, aber auch auf Theorie und Praxis ergibt sich von selbst. Ich möchte nur als Beispiel hervorheben, daß in der Deutschen Juristenzeitung vom 1. Oktober 1911 der Landgerichtsdirektor Kitzer dem Vorentwurf zum Strafgesetzbuch vorhält, es kehre bei der Strafnorm über die Brandstiftung zu dem Standpunkt der Carolina zurück, den die Motive zum heutigen Strafgesetzbuch mit Fug und Recht bekämpft hätten.

Ich gebe ohne weiteres zu, daß für den genialen Juristen das Studium der Rechtsentwickelung aus den angegebenen vier praktischen Gründen nicht gerade unbedingt nötig ist. Er wird sich auch sonst über den Wortlaut des Gesetzes erheben, er wird nach dem Grund und Zweck des Gesetzes fragen, er wird die Zusammenhänge der einzelnen Gesetzesbestimmungen vielfach auch dort erkennen, wo ein anderer durch die Kenntnis der Rechtsentwickelung auf solchen Zusammenhang hingewiesen wird, er wird bei der Mitarbeit von Gesetzeswerken sich auch ohne Kenntnis früherer Mißgriffe vor schlechten Gesetzesvorschlägen hüten. Aber auch dem genialen Juristen wird die Arbeit durch die geschichtlichen Kenntnisse vielfach erleichtert werden, er wird ferner mit solcher Kenntnis zu noch glücklicheren Ergebnissen kommen als ohne sie. Aber der nicht geradezu geniale Jurist wird das Studium der Rechtsgeschichte auch vom lediglich praktischen Standpunkt bitter nötig haben.

Dabei ist nun das Studium so denkbar, daß jedes heutige Rechtsinstitut in entwickelungsgeschichtlicher Weise erörtert wird; oder so, daß eine Entwickelungsgeschichte der in Deutschland geltenden Rechte gegeben wird. Bei der ersten Methode fielen alle heute nicht mehr geltenden Rechtsinstitute einfach weg. Aber dann würde die Frage unbeantwortet bleiben, wie sich denn unser heutiges Recht entwickelt habe, denn dazu gehört auch die Darstellung dessen, was früher an seiner Stelle gegolten hat. Damit würde ein Gesamtbild über das ehemalige Recht nicht oder nur in verzerrtem Zustande gewonnen werden können. Damit würden endlich bei der doppelten Wurzel unseres Rechts unmögliche Darbietungen gefordert, wenn das Milieu beider Rechtsinstitute in beiden Rechten ein durchaus verschiedenes wäre. Derartige Querschnitte würden niemandem auch nur ein schattenhaftes Bild des ehemaligen Rechtszustandes in Rom oder in Deutschland vorführen.

Daß hiernach das Studium der Geschichte des deutschen Rechts und das Studium desjenigen fremden Rechts, das in Deutschland rezipiert worden ist, gelehrt werden soll, ist einleuchtend. Dagegen fragt es sich, inwieweit denn noch das römische Recht, das niemals in Deutschland Geltung besessen hat, zu studieren sei. Es ist ja allgemein bekannt, daß der **usus modernus pandectarum** vielfach etwas ganz anderes war, als das Recht des Kaisers Justinian. Also das justinianische Recht, das vom wirklich rezipierten abwich, hat mit der geschichtlichen Entwickelung u n s e r e s Rechts gar nichts zu tun! Aber noch viel weniger die

muß, so muß sie in der ganzen Welt gleichmäßig sein. Also es besteht die gewaltige Aufgabe, dieses Weltrecht zu sammeln."

Denn wie kann man zum Wesen des Rechts vordringen, ehe man das Material in gehöriger Fülle gesammelt hat und beherrscht? Aber ehe die Wissenschaft hier nicht vorgearbeitet hat, kann sich die Studienordnung natürlich noch nicht nach solchem jetzt unerreichbaren Ideal einrichten. Jedoch für geradezu verderblich würde ich es halten, wenn die Pflege des einzigen Rechts, das wir neben dem deutschen Recht erforscht haben, des einzigen Rechts, das uns neben dem germanischen Rechte im weitesten Sinne zur Vergleichung, auch entwickelungsgeschichtlich, dienen kann, aufgeben würden. Ein öder Positivismus wäre die Folge. Daß das Studium des fremden Rechts in seiner Entwickelungsgeschichte vor falschen Schlüssen in der Gesamtauffassung über das Recht bewahrt, dafür ein Beispiel: Man spricht mit Recht immer von der Nationalität des Rechts, von der uns die historische Forschung überzeugt hat. Man meint damit, daß im Volke Rechtsüberzeugungen stecken, die unausrottbar, sogar wenn der Zusammenhang mit der Vergangenheit zerstört ist, gleichsam spontan aus dem Volksgeiste geboren, wieder hervorbrechen. Das Studium des fremden Rechts bewahrt uns aber vor Übertreibungen in dieser Beziehung. So hat z. B. Partsch bei seiner Forschung über die griechische Bürgschaft nachgewiesen, daß der Grundsatz der Scheidung von Schuld und Haftung nicht bloß im germanischen sondern auch im griechischen Recht seine Berechtigung habe. Ferner hat Wenger dargetan, daß die Grundbücher auch bei den Ägyptern heimisch waren. Der im deutschen Recht durch die Gewere geschaffene Rechtsschein hat in manchen Beziehungen auch im römischen Recht Bedeutung. Also gleiche Bedürfnisse drängen unabhängig von der Nationalität der Völker zu gleichen oder ähnlichen Rechtsbildungen; das lehrt uns die Rechtsvergleichung!

2. Das römische Recht ist in Deutschland auf das eingehendste erforscht worden. Gelehrtenfleiß und Scharfsinn hat sich an ihm erprobt. Die gerichtlichen Entscheidungen, und nicht nur die im Gebiete des ehemaligen gemeinen Rechts, sind auf das römische Recht zurückgegangen. Ohne Kenntnis des römischen Rechts

würde ein Verstehen dieser Entscheidungen, dieser Schriftsteller nicht möglich sein, und O. Fischer hat in diesem Sinne ganz recht, wenn er die Kenntnis des römischen Rechts mit der alten — sagen wir der lateinischen — Sprache vergleicht. Es bedeutete die Aufgabe der Kenntnis der lateinischen Sprache ein Bruch mit der deutschen Vergangenheit überhaupt, die Aufgabe der Kenntnis des römischen Rechts die Aufgabe jeder Verbindung mit der deutschen Rechtswissenschaft und Praxis vor dem Jahre 1900. Dies ist natürlich unmöglich.

Diese rein wissenschaftlichen Forderungen würden genügen, um den eingehenden Betrieb des römischen Rechts auf unseren Universitäten zu rechtfertigen. Denn eine nur skizzenhafte Kenntnis des römischen Rechts würde den Zusammenhang mit der deutschen Vergangenheit auf dem Gebiete des Rechts nicht aufrecht erhalten können, würde ferner nicht genügen, um neben die Geschichte und Dogmatik des heutigen deutschen Rechts ein anderes Recht als Vergleichungsobjekt an die Seite zu stellen.

Aber auch praktisch würden hieraus nur Vorteile zu gewinnen sein.

Das römische Recht war in seiner juristischen Methode das Vorbild für unser Bürgerliches Gesetzbuch. Und das gerade ist ja einer der Hauptvorzüge des römischen Rechts, daß es bei genauer Analysierung der Begriffe den Stoff gleichsam wie klares Wasser durch ein fein gegliedertes System einer Röhrenanlage zerlegt, so daß jedes einzelne Element völlig durchschaut werden kann.

Ein zweiter praktischer Nutzen liegt auf ganz anderem Gebiete: die Hauptfähigkeit, die der Jurist mitbringen soll, ist die, sich in ihm ganz fremde tatsächliche Lagen hineinzuarbeiten. Ein alter Jurist erzählte mir von seiner ersten Vorlesung in der Rechtsmethodologie, daß der Professor den Studenten genau auseinandergesetzt habe, wie der Gerber Felle zu gerben habe. Auf die verwunderten fragenden Gesichter der Studenten hin gab der Dozent zur Antwort, daß sie auch solche Dinge verstehen lernen müßten, daß der Jurist sich in jede Lage hineindenken zu können genötigt sei. Nun sehe man sich eine Digestenstelle daraufhin einmal an: Auf ein paar Zeilen steht ein zuweilen recht komplizierter Tatbestand, dann die Frage nach der Entscheidung, und schließlich diese selbst, vielleicht unter Beifügung eines oder des anderen Grundes. Welche Schwierigkeiten zunächst für den Studenten des 20. Jahrhunderts, den Tatbestand aus einer fremden Welt klar zu fassen, ferner das Bedenken des Juristen, das in der Stelle fast nie hervorgehoben wird, herauszuschälen, endlich die Entscheidung und deren Gründe zu würdigen.

Das Recht der europäischen Kulturvölker des Kontinents setzt sich ferner im wesentlichen aus zwei Elementen zusammen, aus dem deutschen und dem römischen Recht. Vernachlässigung des Studiums des römischen Rechts würde uns das Verständnis der fremden europäischen Rechte unmöglich machen oder erschweren, auch dort, wo wir es im Einzelfalle brauchen.

Also: Die wissenschaftlichen Gründe verlangen ein ausgedehntes Studium des römischen Rechts, und die praktische Ausbildung der Studierenden wird dadurch aufs vorteilhafteste gefördert.

Die sogenannte äußere römische Rechtsgeschichte ließe sich m. E. allerdings auf die Hälfte der Zeit zusammendrängen. Dann müßten für das System des römischen Privatrechts etwa zehn Stunden, für den römischen Zivilprozeß eine Stunde übrig bleiben. Für das deutsche Privatrecht läßt sich m. E. unter sechs Stunden nicht auskommen.

Aus dem Gesagten schon ergibt sich der pädagogische Wert des Quellenstudiums. Aber er allein ist auch wissenschaftlich, da zum Erfassen des Rechts ein vorhergehendes Sammeln gehört, der Student aber, wenn er auch nicht selbständig zu sammeln braucht, doch wenigstens die Tätigkeit der Sammler wiederholen und an der Hand der Lehrer nachprüfen muß. Mit dem Quellenstudium beginnt aber auch die abstrakte Lehre Leben zu erlangen und damit auch Interesse zu erwecken.

Nun besteht aber noch ein ganzes Bündel von Sonderwünschen hinsichtlich der Stoffvermehrung unserer Vorlesungen: Militärrecht, insbesondere Militärstrafrecht und -strafprozeß, das Recht des Strafvollzugs, Gewerberecht, Verkehrsrecht, Kolonialrecht u. a. werden hier genannt; dann Vorlesungen über Rechtsvergleichung, dann über Hilfswissenschaften, insbesondere Logik,

Psychologie und Geschichte. Wenn hiermit Ernst gemacht werden sollte, so würden fünf Jahre für das Studium nicht genügen. Aber dann wäre nicht einzusehen, weshalb nicht auch z. B. das ganze Steuerrecht in den Vorlesungsbereich einbezogen werden soll.

Das juristische Studium soll doch in erster Linie die Fähigkeit übermitteln, ein Gesetz selbständig zu zerlegen und anzuwenden. Und dies Ziel kann man wahrhaftig besser an einigen Gesetzen, die gründlich, als an vielen, die oberflächlich behandelt werden, erreichen; dagegen wird es auch den fleißigen Studenten eben nur bei Beschränkung des Stoffes auf die jetzt gelehrten Rechtsdisziplinen auch bei vierjährigem Studium möglich sein, geeignete Vorlesungen über Hilfswissenschaften und tiefere Vorlesungen und seminaristische Übungen über ein begrenztes Sonderrechtsgebiet zu hören.

§ 5. Zwischen- und Vorpraxis.

Dem Übel, der Flucht der Studenten aus den juristischen Hörsälen abzuhelfen, hofft Zitelmann bekanntlich vor allem dadurch zu beschwören, daß er sie nur kursorisch in den gesamten Rechtsstoff einweihen, dann, nach einer Zwischenprüfung, in eine mehrjährige Zwischenpraxis schicken, und nach dieser wieder zur Universität zurückkehren lassen will, worauf sie nach abermaliger Schlußpraxis das Assessorexamen machen sollen. Zitelmann findet die Wurzel des Übels in der Unbekanntschaft der Studenten mit dem ihm vorgetragenen Rechtsstoff, dem sie als Fremde gegenüberständen. Dagegen würde der Student nach der Zwischenpraxis, meint Zitelmann, zu der Melodie, die er zu hören bekomme, aus eigener Kenntnis die Harmonien finden. Zitelmann verweist dabei auf die anderen Berufe, in denen die Schüler auch erst dann theoretisch ausgebildet würden, wenn sie das Gebiet ihrer Tätigkeit praktisch aus eigener Anschauung kennen gelernt hätten, auf die der Bergleute, Postbeamten, Apotheker, Ingenieure, Land- und Forstwirte, Kaufleute.

Aber der Vergleich hinkt. Die Bergbeflissenen usw. sehen in der Vorpraxis in der Tat den Gegenstand dessen, das sie später zu beurteilen haben, z. B. das Bergwerk, die Kohle und ihre Bearbeitung. Aber sieht der Jurist die Verbrecher beim Stehlen oder der Vorbereitung dazu? Sieht er den dolus generalis? Er sieht den sich möglichst harmlos stellenden Mann auf einer behaglichen Bank Platz nehmen, und die Tatsachen, die für seine Schuld in Betracht kommen, leugnen. Im Bergbau sollen die gesehenen Kohlen im gesehenen Bergwerk bearbeitet, vom Richter sollen die Verbrecher, die der junge Jurist ja auch sehen kann, über Dinge abgeurteilt werden, die der junge Jurist eben nicht sinnlich wahrnimmt. Daher hilft das Sehen des Verbrechers und des Verfahrens hier wenig. Wenn z. B. der Jurist noch nicht weiß, daß der Diebstahl in Waffen ein besonders schwerer ist, so wird er bei der Verhandlung nicht verstehen, weshalb so genau nach dem Revolver gefragt wird, und das Gleiche trifft natürlich für den Privatrechtsfall zu.

Etwas anders steht es ja mit dem Prozeß. Die Verfahrensakte sind ja selbst sichtbar. Aber man sieht auch nur die rein äußerlichen Erscheinungen, nicht die „geraden und krummen Wege", wie Zitelmann meint, auf denen die Parteien ihr Ziel erreichen wollen, denn der Unausgebildete sieht wohl den Weg, aber nicht, ob er gerade oder krumm ist. Und auch, wenn er die Verkehrtheit des Weges, den die Partei einschlagen will, sehen sollte, so sieht er doch nicht die Mittel zur Abwehr hiergegen. Er sieht gewiß, wie der regelmäßige Betrieb sich äußerlich abspielt, aber er erfährt dadurch nicht, ob auch so verfahren werden muß, und welche Folgen beim so und welche beim anders verfahren eintreten. Wenn also die Anschauung nicht lediglich zum Lernen einer für das Verständnis der Theorie an sich unnötigen Schablone anleiten, also direkt schaden soll, so muß für jede Verhandlung der Parteien oder des Gerichts ein Kommentar hergehen, der sich sogar auf solche Dinge erstrecken müßte, die nicht geschehen, aber nach dem einfachen Menschenverstande doch eigentlich geschehen müßten, z. B. darüber, weshalb das Gericht einen Zeugen, der über die Sache prima facie genau Bescheid wissen müßte, aber von der Partei nicht benannt ist, nicht vernimmt.

Das unausbleibliche Gängelband des Kommentators hätte aber auch einen erheblichen Nachteil. Der junge Jurist wird ja heute von Anfang an mit Recht zum fortgesetzten Zweifel, zur schrankenlosen Kritik, die auch bei den Worten des Lehrers nicht Halt machen darf, angehalten. Der Stümper im Sitzungssaal oder Beratungszimmer wäre aber zum kritiklosen Hören und Handeln genötigt. Er lernte den Drill ohne Gedanken. Und beherrschte er den Drill, so wird ihm der Gedanke vielleicht höchst überflüssig erscheinen. Man denke doch nur an die überall in der Literatur sich wiederfindenden Mahnungen des im Drill erfahrenen Richters an den in die Praxis eintretenden Studenten: „Vergessen Sie zunächst, was Sie auf der Universität gelernt haben". Wie soll da der von Z. erwartete Theoriehunger entstehen? Niemand hat ein Bedürfnis nach Dingen, die er nicht kennt. Z. erhofft nämlich von der Zwischenpraxis, daß die Studenten erkennen würden, wie bitter nötig sie die Theorie hätten, und daß sie dann, zur Universität zurückgekehrt, mit Feuereifer in die Kollegs stürzen würden. Ich teile diese Hoffnung nicht. Die Studenten werden die Betrachtungen am Phantom eher als einen Rückschritt empfinden, dem sie sich durch Fernbleiben entziehen können. Wie wenig Referendarien, die doch bei ihrer jetzigen schlechten theoretischen Vorbildung recht theoriehungrig sein müßten, besuchen denn in den Universitätsstädten die Vorlesungen? Und auch ihre Privatstudien werden bis an das Ende des Referendariats, wo der Knüppel wieder beim Hunde liegt, verschoben. Und von der zweiten Examenskommission her ertönt die Klage über mangelhafte theoretische Ausbildung. Niemand, der die Referendarien kennt, wird behaupten wollen, daß die unter ihnen am fleißigsten Theorie treiben, die auf der Universität zu wenig Theorie gelernt haben. Dagegen beweisen nichts die Praktiker, die nach vollendetem Assessorexamen Vorlesungen besuchen, wenn sie mit Freuden wieder in die theoretischen Vorlesungen gehen und nach ihrer Versicherung aus ihnen ganz anderen Nutzen ziehen als der Fuchs auf der Universität. Denn sie haben ein ganz anderes Wissen und Wollen als jene Referendare Z.'s, die erst drei Studiensemester hinter sich haben und sich auf deren Fortsetzung freuen würden. Dagegen birgt die Zwischenpraxis geradezu Gefahren in sich. Es ist nämlich zu befürchten, daß die Referendare, zur Universität zurückgekehrt — Arm in Arm mit ihren Korps-, Bundes- oder sonstigen Brüdern das Burschenleben fortsetzen. Denn aus der Tatsache, daß die Referendare in Bonn das jetzt nicht tun, kann bei der Verschiedenheit der Tätigkeit der jetzigen Studenten und Referendare nicht das Gleiche für die zur Universität zurückgekehrten Referendare geschlossen werden. Es ist ferner die Gefahr vorhanden, daß alle Referendare nach dem Examenszentrum strömen und sich dort, theoriehungrig, dem berühmtesten Einpauker ausliefern werden. Es würde sich endlich die Notwendigkeit ergeben, die dritte Prüfung recht theoretisch zu gestalten, da die Referendare noch zwei Jahre Theorie treiben müßten — oder es bestände Gefahr, daß ohne eingehende theoretische Prüfung der zweite Teil des Universitätsstudiums gar nicht ausgenutzt würde. Ich halte es aber für ein Unrecht gegenüber den im Alter von 27—30 Jahren befindlichen Referendaren, sie nochmals in eingehender Weise über ihre theoretischen Kenntnisse zu prüfen.

Goldschmidt meint ferner mit Recht (S. 289), daß der Referendar mit voller Verachtung des öffentlichen Rechts zur Universität zurückkehren wird, nachdem er es als für ihn kaum in Betracht kommend erkannt haben wird. Noch mehr würden meines Erachtens die Interessen für die Rechtsentwickelung gemindert werden.

Der Vorschlag der Zwischenpraxis ist eines der Mittel, das aus dem Bestreben herrührt, dem Anfänger den ungewohnten, schweren Stoff mundgerecht zu machen. Das Mittel erstrebt aber einen an sich fast unmöglichen Erfolg. Der denkende junge Anfänger sieht sich in eine Welt versetzt, wo des Fragens kein Ende ist. Soll er doch die ihm vertrautesten Dinge fortgesetzt in einer ihm bisher ganz ungewohnten, neuen Beleuchtung betrachten, soll er doch seine Augen für die Welt neu einstellen, ohne daß dabei das alte Bild verschoben, vielmehr nur noch von einer bisher ungewohnten Perspektive aus betrachtet wird.

Wenn ihm da nun die Praxis selbst für das eine oder andere Problem eine Lösung bieten sollte, so wird die Antwort auf die eine Frage sofort durch eine neue andere Frage abgelöst. Da kann nur fortgesetztes Studium helfen. Und erleichtert kann dies werden durch Lehrer, die gerade im Anfang durch Fragen und Antworten auf Fragen Klärungen bringen.

Die Praxis selbst ist ungemein belehrend für den, der die Rechtssätze kennt. Sogar die Rechtsgeschichte gewinnt dann in der Praxis noch hie und da neues Leben. Wenn mir die Bauern der Altmark noch immer mit ihren vergilbten alten Hypothekenbriefen kamen „600 Thlr. Kaufgeld nach beiliegender Recognition" so fiel mir, der ich die Entwicklungsgeschichte des Hypothekenbriefes bei Dernburg gehört hatte, der ganze Verlauf, wie wir zu unserem heutigen Hypothekenbrief gekommen sind, ein. Oder wenn der Bauer noch damals von der „Titelberichtigung des Grundbuches" sprach, so wußte man: früher ging das Eigentum durch Tradition über, das Grundbuch wurde nur noch berichtigt. Oder wie mir als Anwaltsvertreter meine Partei vorhielt, weshalb ich mich nicht darauf beriefe, daß der Beklagte ja das und das zugegeben, und ich ihr erwiderte: Der hat sich doch offenbar nur versprochen, und als dann die klassische Antwort fiel: Versprochen ist verspielt! Wem fällt nicht ein, wie tief im Volke die Idee herrscht, daß das Prozessieren „mit Gefahr" im Sinne des altdeutschen Verfahrens verbunden ist? Aber den in diesen Dingen Unerfahrenen fällt das Alles gar nicht auf.

Die Sammlung, die die Wissenschaft durch Jahrhunderte vorgenommen hat und ihren Jüngern nicht bloß in abstrakten Sätzen, sondern illustriert durch eine Fülle von Rechtsfällen vorführt, sollte doch wohl mehr in die Praxis einführen als das eigene Sehen einiger Prozesse ohne gehörige Kenntnisse.

Ich glaube das auch durch die Erfahrung beweisen zu können, die ich als akademischer Lehrer mit der geringen Zahl von Referendaren gemacht habe, die zu mir in die Konversatorien kamen.

Referendare sogar in der zweiten Amtsgerichtsstation haben es zum Teil in der Entscheidung von Rechtsfällen mit den besseren Studenten nicht aufnehmen können, und waren im Durchschnitt weder in der Methode noch im Wissen auch nur dem Durchschnitt der erschienenen Studenten der Schlußsemester überlegen. Also selbst ältere, theoretisch schlecht vorgebildete Referendare haben durch die Praxis nicht viel zugelernt.

Z. ist also nur zuzugeben, daß die Praxis dem nur oberflächlich in die Theorie eingeweihten Juristen nur wenige Vorteile bieten kann:

1. Er lernt einige Äußerlichkeiten des Verfahrens — aber auch nur sie — von selbst.
2. Ein lebender und noch schwebender Fall regt natürlich viel mehr zum Nachdenken an, als ein fingierter oder bereits erledigter.

Aber die Äußerlichkeiten des Verfahrens sind für das Verständnis des Prozeßrechts nicht nötig, können also auch noch nach der Theorie gelernt werden, und die Anregung zum Nachdenken, die der lebende Fall gibt, muß verpuffen, wenn die Kenntnisse der Rechtsnormen fehlen.

Was von der Zwischenpraxis gilt, gilt natürlich noch verstärkter von der Vorpraxis. Man hat ja nun auch hier den Vorschlag gemacht, daß ein Praktiker als Leiter überall den Erklärer spielen soll. Hier ists aber noch weniger möglich als bei der Zwischenpraxis, da jeder Rechtsfall im prozessualen Gewande für den Anfänger eine derartige Fülle von Stoff bietet, daß er davon erstickte.

Für die Nebenpraxis endlich gilt für die ersten Semester dasselbe wie für die Vorpraxis. Sie wäre nur unter Führung des Lehrers und nur bei ausgewählten Fällen möglich. Aber derartige Versuche haben sich auch für die späteren Semester nicht bewährt.

Nach Gründung der Universität Münster wurde vor dem hiesigen Landgericht eine Zivilsitzung mit hierzu ausgesuchten Fällen, die dann schulmäßig behandelt und vorgetragen werden mußten, abgehalten. Ich habe nachher mit meinen Studenten darüber gesprochen. Die überwiegend größte Zahl hatte von den Sachen wenig verstanden, nur einer (er ist jetzt Privatdozent) hatte bei der Besprechung ein bestimmtes Urteil gewonnen. Am wenigsten erfreut waren die Anwälte und Richter, weil die Sitzung dadurch in die Länge gezogen wurde, und die anderen Professoren, weil sie genötigt waren, deshalb auch ihre Vorlesungen ausfallen zu lassen.

Hiernach möchte ich glauben, daß der Besuch von Zivilsitzungen in den Ferien wohl unterstützend wirken kann, insofern mit zunehmendem Wissen der Nutzen aus solchen Sitzungen wachsen wird, aber da aus der Praxis erst Vorteil gewonnen werden kann, wenn man die Theorie kennt, so scheint es mir gewinnbringender, die der Theorie gewidmete kurze Zeit auch möglichst ganz der Theorie zu widmen, um dafür später um so reicheren Gewinn aus der Praxis zu ziehen.

§ 6. Dauer des Studiums.

Das Universitätsstudium währte ursprünglich so lange, als es zur Erreichung des Doktorgrades erforderlich war, d. h. sechs bis acht Jahre. Die Zeit wurde allmählich auf die Dauer von drei Jahren verkürzt. Aber schon 1797 klagte Thibaut, daß das dreijährige Studium nicht ausreiche, obgleich der Umfang des damaligen Rechtsstoffes mit dem heutigen gar nicht verglichen werden kann. Trotzdem ging die Studienzeit noch mehr zurück. Gegen diesen Mißbrauch richteten sich nun eine Reihe von preußischen Königlichen Kabinettsordres, die das Mindestmaß der Studien auf drei Jahre festlegten (Goldschmidt).

Mit diesen drei Jahren, die in Preußen nicht bloß Mindest- sondern Durchschnittsmaß geworden sind, ist nicht auszukommen.

Der Beweis hierfür liegt schon in den theoretischen Kursen der Referendare. Beweis ist das Zeugnis der fleißigen Studenten, die wegen Überbürdung die „minder wichtigen" Vorlesungen nicht hören zu können behaupten. Beweis liefern die Examina, wo immer darauf Rücksicht genommen wird, daß mit sechs Semestern nicht auszukommen ist. Beweis ist endlich die Tatsache der ungeheuren Vermehrung des an der Universität zu lehrenden Rechtsstoffes gegen früher. Denn wenn früher die drei Jahre wirklich noch gerade eben ausgereicht haben sollten, so können sie es jetzt bei dieser Vermehrung schlechterdings nicht mehr. Die Vergrößerung des vorzutragenden Pensums ist aber unbestreitbar. Zunächst gegen die Zeit, wo die drei Jahre als Mindestmaß aufgestellt wurden: Da war vom Prozeß-, vom Staats-, Verwaltungs- und Völkerrecht, von den Staatswissenschaften so gut wie noch keine Rede. Der Stoff des deutschen Privatrechts war noch dünn, das Handelsrecht war dabei noch keine selbständige Disziplin, wurde vielmehr anhangsweise beim deutschen Privatrecht erledigt. Stölzel sagte daher 1894 mit Recht: Die Herren, die jetzt fleißig sind, sind viel fleißiger als die Studenten, die zu meiner Zeit fleißig waren. Aber aufs neue hat sich 1900 der Stoff wesentlich vermehrt, nämlich, um von allem Anderen zu schweigen, um das Bürgerliche Gesetzbuch.

Nun wird man ja sagen: Die Pandektenvorlesungen, die Vorlesungen über deutsches Privatrecht sind doch wesentlich gekürzt! Jedoch folgt daraus nur, daß eine Reihe von Details aus diesen Gebieten jetzt nicht mehr vorgetragen werden können. Aber Kenntnis von Details wurden auch früher nicht gefordert. Und dann möchte ich doch recht eindringlich betonen, daß das Verständnis der Grundlagen dem leichter gemacht wird, dem Details an die Hand gegeben werden, weil die Bedeutung jedes Satzes durch Illustrierung mit Details viel klarer hervortritt. Auch wird der Hauptsatz selbst geradezu wie eine Selbstverständlichkeit behalten, wenn man sich eine Anzahl von Abwandlungen und Ausnahmen einzuprägen auch einmal nur versucht hatte. Also im Pandekten- und deutschen Privatrecht soll nach wie vor Kenntnis der Grundlagen gefordert werden, und hierzu ist jetzt nicht viel weniger Kraftaufwendung nötig als ehemals; dazu kommt dann der gesamte Stoff des heutigen bürgerlichen Rechts.

Die Folgen der zu kurzen Studiendauer ist für die Fleißigen eine Überbürdung mit Vorlesungen und Übungen; die Folge davon ist: die Vorlesungen sind nicht mehr bloße Anleitung zum Studieren, sondern für die häusliche Arbeit bleibt zu wenig Raum. Daher ergibt sich als weitere Folge eine Verflachung des Studiums. Der Student, der dem Vortrag gefolgt ist, meint, er hätte alles verstanden. Beim Lesen kommen erst die Zweifel, insbesondere beim Lesen eines umfangreichen, die Streitfragen behandelnden Werkes, wo der einfache Gedanke nach seinen Konsequenzen ausgebaut ist. Es fehlt also die geistige Schulung.

Weiter wird das nur Gehörte leichter vergessen. Es fehlt die geistige Verarbeitung, eine wesentliche Gedächtnisstütze. Daher bedarf es des Repetitors.

Nun hat man vorgeschlagen, man solle es ruhig bei der gesetzlichen Studiendauer von drei Jahren lassen, aber im Examen tatsächlich derartig hohe Anforderungen stellen, daß ein Studium von vier bis fünf Jahren herauskomme.

Der Vorschlag beruht aber auf einer Verkennung des Zweckes der Bestimmungen, die eine Minimaldauer des Studiums vorschreiben. Die Minimaldauer hat nur Sinn als Schutzvorschrift für die Fleißigen und Begabten.

Man setze doch einmal den Fall, die Studiendauer wäre unbegrenzt. Was würde sich dann ereignen, wenn in unserem Examen die gleichen Anforderungen wie jetzt gestellt würden? Dann würden

1. gewisse Studenten, namentlich die, die noch nach wie vor aktiv und von der Aktivität in gleichem Maße wie bisher in Anspruch genommen werden würden, genau so wie heute die ersten Semester verbummeln und die letzten Semester studieren;
2. andere Studenten, denen es auf Zeitgewinn ankäme, würden sich bereits vom vierten Semester an zum Referendarexamen melden. Dieser Entwickelung ging es früher in Preußen entgegen, dagegen mußten die Kabinetsordres, die auf Innehaltung des dreijährigen Studiums drangen, gerichtet werden;
3. die Fleißigen und Begabten endlich würden sich von den Eiligen in der Konkurrenz nicht schlagen lassen wollen und würden möglichst in drei Semestern ihr Studium zu beenden versuchen.

Dabei würde die erste Gruppe im Verhältnis zu den heutigen Verhältnissen nichts verlieren. Manche, die sonst sich mehrere Semester an das dolce far niente gewöhnt hätten, würden vor dieser Klippe — indem sie sich zur zweiten Gruppe schlügen — bewahrt bleiben, und wenigstens das Arbeiten nicht erst wieder zu lernen brauchen. Nur die dritte Gruppe würde leiden. Sie, die jetzt sechs Semester studieren, würden mit drei Semestern auszukommen suchen, bei ihnen würde (nicht das wissenschaftliche Arbeiten, denn hierzu können sie auch kaum in den sechs Semestern kommen) aber die zur Examensreife nötige sichere juristische Bildung fehlen. Um ihretwegen wäre also das Minimum auch von drei Jahren nötig. Wenn nun die Studienzeit freigelassen, aber das Examen erschwert würde derart, daß ein fleißiger normaler Student ein vier- oder fünfjähriges Studium nötig hätte, so würden sich auch hier die Begabten und besonders Fleißigen schon nach drei oder dreieinhalb Jahren zum Examen melden und den Schaden tragen wiederum einmal sie selbst, da sie nicht die notwendige wissenschaftliche Ausbildung mit ins Leben nehmen, ferner der Staat, der ihre besseren Kenntnisse entbehren müßte.

Und so leiden auch gerade die Tüchtigen unter dem jetzigen Zustand. Dieser hindert sie, die über dem Durchschnitt stehen, zwar nicht, ein Wissen mitzubringen, das zur praktisch-juristischen Vorbildung genügt, aber bei diesem Zustand müssen immer noch erhebliche Lücken vorhanden sein, über die (auch bei Erteilung von Prädikaten im Examen) wegen der kurzen Studiendauer hinweggesehen werden muß. Aber auch die Studenten, die anfangs bummeln, die aber an sich aus gutem Holze geschnitzt sind oder deren häusliche Erziehung ihnen keine Freude an längerem Nichtstun aufkommen ließ, die sich also von selbst nach ein oder zwei Semestern wieder zur ernsten Arbeit aufraffen, würden bei Verlängerung des Studiums auf vier Jahre gewinnen.

Die Guten und Besten haben bei dem jetzigen System nur die Wahl zwischen zwei Übeln: Entweder sie studieren alles gleichmäßig aber oberflächlich, oder sie studieren mit Eifer einzelne Teile des Rechts und vernachlässigen die übrigen Disziplinen. In der Regel kommen bei der Auswahl der Fächer nach meinen Erfahrungen die germanistischen Fächer und manche Gebiete des öffentlichen Rechts zu kurz. Die vorhandenen Lücken werden fast nie mehr ausgefüllt. So bekennt sogar Goldschmidt, daß er die Lücke seiner staatswissenschaftlichen Ausbildung erst als Privatdozent, und auch da nur einigermaßen ersetzt habe. Und was werden dann unsere Referendarien im Staats- und Verwaltungsrecht, und nun gar erst in der Rechtsgeschichte nachholen? Ich habe als Referendar jedenfalls im öffentlichen Recht nichts mehr getan, sondern mich sofort nach dem Referendarexamen wieder dem Zivil- und Strafrecht zugewandt. Dazu kommt, daß jeder

Studierende Zeit haben sollte, in ein Spezialgebiet wirklich tiefer einzudringen. — Ich meine: die Not des nur dreijährigen Studiums ist eine offenbare. Unter ihr leiden die Fleißigen und Begabten, und damit der Staat, dem damit ein gut Teil von Kraft entzogen wird. Das kann nicht mit der Phrase geleugnet werden: die wissenschaftliche Ausbildung sei überflüssig, praktischer Takt genüge, oder sei mehr wert. Als ob jemand geleugnet hätte, daß Wissen ohne praktischen Takt genüge. Aber man tut so, als ob sich beides ausschlösse, als ob nicht das Wissen das ist, was Generationen an praktischem Takt mühselig gewonnen und einmal zur bequemen Kost, ferner aber auch zur Übung und Kritik für kommende Geschlechter aufgesammelt hätten, als ob also nicht durch zunehmendes Wissen der praktische Takt zum mindesten ausgebildet werden kann. Leistet nicht auch der praktische Takt, verbunden mit Wissen, mehr als der ohne Wissen? Kann doch nur der mit Wissen verbundene praktische Takt überzeugend wirken, und es kommt doch gerade für den Anwalt und für den unteren Richter, aber auch für die Literatur, das Reichsgericht und die Fortbildung des Rechts hauptsächlich auf die Begründung an. Es ist ja aber endlich auch von niemandem behauptet worden, daß Wissen ohne praktischen Takt für die Erlangung der Richterqualifikation oder das Bestehen der Prüfungen genügte. Also: Solange praktischer Takt **und** Wissen für die Ausbildung der Juristen verlangt werden muß, solange ist eben ein dreijähriges Studium nicht ausreichend.

Neuerdings ist in der Deutschen Juristenzeitung von einer Seite, die dem preußischen Justizministerium nahe zu stehen scheint, der Einwand erhoben worden: Es sei statistisch die „auffallende" Tatsache ermittelt worden, daß diejenigen, die sich alsbald nach Ablauf der sechs Semester zum Examen meldeten, die besten Examina gemacht hätten. Den Kennern war diese „auffallende" Tatsache längst bekannt. Die Fleißigsten, die sich am sichersten fühlen, wollen den minder guten Kommilitonen keinen Vorsprung lassen, die Erziehungssubstrate der Repetitoren halten aber nach Ablauf der sechs Semester noch etwas mit ihrer Meldung zurück, da sie sich schwach fühlen. Der Einwand verkennt ferner, daß das gesetzliche Zeitminimum nur im Interesse der

Besten gegeben ist. Weshalb macht man das Experiment nicht auch im Assessorexamen? Hier wären gewiß die Dreijährigen auch die besten! Aber man hält drei Jahre Praxis nicht für ausreichend.

§ 7. Zwischenexamen.

Bei vierjährigem Studium ginge es ohne Zwischenexamen nicht ab. Aber auch bei Aufrechterhaltung des dreijährigen Studiums könnte die Interesselosigkeit in den ersten Semestern nur durch ein Zwischenexamen gehoben werden.

Ob das Zwischenexamen dauernd notwendig sein wird, ist damit nicht gesagt. Aber zur Durchbrechung des gegenwärtigen Zustandes — der festeingebürgerten Tradition — sehe ich kein anderes Mittel.

Man klagt soviel über die angebliche Sprödigkeit des Stoffes und den dadurch erzeugten Mangel an Interesse. Aber über sie kann niemand hinweghelfen. Auch das kleine Einmaleins ist kein Vergnügen, und doch muß das Hänschen auch dieses lernen, damit Hans später mit Freuden Mathematiker wird. Und wenn er sich sofort mit Eifer dahinter setzt, so wird er auch bloß an der Tatsache, daß er sein Pensum beherrscht, schon seine Freude haben. Das Interesse kommt eben mit der Arbeit, und wächst, je mehr die Kenntnisse in den Elementen zunehmen. Ganz richtig macht daher Gerland darauf aufmerksam, daß der Fleiß der höheren Semester besonders hierauf zurückzuführen ist. Wie viele Studenten drücken am Ende ihrer Studien ihr Bedauren aus, nicht von vornherein mehr studiert zu haben, und zwar nur wegen des Interesses am Stoffe. Und hierauf, auf der wachsenden Kenntnis, nicht auf der bereits erlebten Praxis, ist auch der Theoriehunger der älteren Praktiker zurückzuführen (Gerland).

Das Zwischenexamen würde nun einen heilsamen Druck zum Studium gleich von Anfang an ausüben, es würde ferner darauf hinwirken, daß die Studien nach ihm mit größerem Interesse betrieben würden.

Die Einwendungen gegen das Zwischenexamen sind verfehlt.

1. Dernburg meint, die Häufung der Examina könne nur

dazu dienen, das Einlernen von Kenntnissen zu steigern, nicht aber dazu, das Verständnis zu wecken. Aber das wird doch sehr wesentlich von der Art des Examens abhängen. Man meine auch nicht, daß die Studenten noch nicht nach drei Semestern auf juristisches Denken geprüft werden könnten. Ich habe beobachtet, daß die Fähigkeit zum juristischen Denken meistens ziemlich schnell hervortritt, so daß man bei einem Studenten, der 2—3 Semester mit hinreichendem Fleiß studiert hat, seine Denkfähigkeit sehr wohl feststellen kann. Tun wir doch bei dem heutigen Studienbetrieb von 2—4 Semestern das Gleiche fortgesetzt!

2. Ferner meint Dernburg: Prüfungen derselben Art und desselben Stoffes schwächen sich gegenseitig. Nun mag ja richtig sein, daß das spätere Referendarexamen das Zwischenexamen schwächen kann, aber doch nicht umgekehrt. Übrigens kann ja auch diese Schwächung vermieden werden, wenn das Zwischenexamen gehörig scharf genommen wird.

3. Es wurde von Liszt geltend gemacht, das Zwischenexamen sei deshalb kein genügendes Mittel zur Beseitigung der 1886 herrschenden Übelstände, weil diese ja hauptsächlich darin beständen, daß die nicht privatrechtlichen Fächer im Abschlußexamen zu kurz kämen, im Zwischenexamen aber gerade römisches und deutsches Privatrecht gefordert werden müßte, so daß diese Fächer zweimal geprüft, also die Kandidaten auf diese Fächer geradezu gestoßen würden; das Ergebnis wäre also eine Verschärfung des Übels. Nun ist ja heute der Fehler wohl ein anderer: Die nicht privatrechtlichen Fächer treten meines Erachtens ja auch heute noch zurück, aber ohne sie geht es in keiner Prüfung ab, mitunter werden sogar rechte Einzelheiten gefragt. Und da ist denn die Folge, daß die Studenten, da sie kaum mehr tun als ehedem, die Kraft der letzten und einzigen Arbeitssemester zersplittern. Das Ergebnis scheint mir noch unbefriedigender: Der Durchschnitt leistet jetzt in allen Fächern Oberflächliches, auch im Privatrecht. Also das Zwischenexamen würde dazu dienen, diese Oberflächlichkeit zu dämmen. Würde der Studienplan aber meinem Vorschlage entsprechend eingerichtet, so würden im Zwischenexamen nach zwei Semestern über die Grundlagen des privaten Rechts,

über das deutsche und preußische Staats-, das Kirchen-, das Völkerrecht, die allgemeinen Lehren des Strafrechts und über Nationalökonomie geprüft werden. Prüft man nach dem dritten Semester, so käme noch das römische Recht hinzu.

Prof. Hiller berichtet 1901 auf dem Deutschen Juristentage, daß es in Österreich „seit Generationen" Zwischenprüfungen gebe, daß die Erfahrungen keine üblen seien und daß die ganze juristische Welt in Österreich durchaus nicht anders denke und sich längst auf die Zwischenprüfung eingerichtet habe. Das gleiche berichtet Hellwig[1]), der in Bayern die Einführung des Zwischenexamens miterlebt hat. — Wichtig ist aber, wo das Zwischenexamen abzulegen ist.

Gerland meint, mein Vorschlag, daß kein Student dort sein Zwischenexamen ablegen könne, wo er studiert habe, ginge zu weit. Er nötigte zum Wechsel der Universitäten und legte auch den armen Studenten unnütze Reisekosten auf. Aber die Reise zu Examenszwecken ist doch kein Wechsel der Universität. Und wenn das Examen in den Beginn der Ferien gelegt würde, so könnte ja auch der Freiburger preußische Student in Marburg oder Bonn haltmachen, um sich dort prüfen zu lassen. Daß die paar Groschen nicht ins Gewicht fallen, braucht wohl nicht gesagt zu werden. Auch der Weg von Königsberg nach Breslau, Berlin oder Greifswald fällt angesichts der Gesamtkosten für die Ausbildung nicht ins Gewicht.

Es fragt sich also, welche Nachteile auf der anderen Seite jenen Reisekosten gegenüberständen.

Nun ist ja klar, daß, wenn mein Vorschlag nicht befolgt würde, fast jeder Student dort studieren würde, wo er sein Zwischenexamen abzulegen beabsichtigte. Daraus ergäbe sich notwendigerweise, daß nicht nur jede preußische, sondern sogar jede deutsche Universität für das Zwischenexamen zuständig sein müßte, wenn nicht die akademische Freiheit in der Wahl der Universitäten beseitigt werden sollte; und eine derartige Beschränkung wäre natürlich schon aus politischen Gründen ausgeschlossen. Nun würden ja, auch wenn das Reich den Studiengang nicht einheitlich regelte,

---

[1]) Zeitschr. f. Zivilproz. Bd. 40, S. 519 f.

die sämtlichen deutschen Staaten solch Zwischenexamen auch an ihren Universitäten ermöglichen, wenn Preußen voranginge. Aber dann würde, wie Dernburg zweifellos richtig gesehen hat, das Niveau des Zwischenexamens bei sämtlichen Fakultäten sinken, wenn es auch nur eine leicht mit ihm nähme. Keine Fakultät würde es gerne sehen, daß die Studenten in hellen Haufen und ohne Rücksicht auf die Reisekosten nach der gelobten Stadt zögen, wo man mit der geringsten Mühe die höchsten Erfolge erzielte. Belege dafür sind die ehemaligen Auskultatorprüfungen, bei denen die Kandidaten den Gerichten massenhaft zuströmten, die als mildeste bekannt waren, sodaß hiergegen vom Justizminister 1859 (JMBl. S. 162) eingeschritten werden mußte, Belege sind die jetzigen Doktorprüfungen, die mit Vorliebe an den als leicht bekannten Fakultäten abgelegt werden, auch wenn die Gebühren hier die höchsten sind. Eine Fakultät nun, die das Zwischenexamen leicht machen würde, würde sich aber wahrscheinlich finden.

Denn ob man die Kandidaten milder oder schärfer anfaßt, das hängt nicht von logischen Schlüssen ab, sondern zum Teil von sentimal weicher oder rücksichtslos harter Anlage, zum Teil von großer Liebe zur Jurisprudenz, zum Teil von Gleichgültigkeit für die Frage, wer in den Stand der Juristen aufgenommen werden soll. Und da müssen mit verschiedenen Personen verschiedene Ergebnisse ständig sein.

Dann hätte das Zwischenexamen seinen Zweck verfehlt. Es würde im Gegenteil zur Aufstauung der jungen Semester in einigen Zentren beitragen. Und gerade das wäre schon für den Lehrbetrieb unerwünscht.

Es wäre aber auch zur Ablegung der Prüfung eine Zentralkommission möglich. Da sich natürlich für diese auf die Dauer kein Professor fände, so müßten aus den verschiedenen Universitäten und auf gewisse Zeiten Professoren nach einer Stadt zusammengezogen werden. Denkbar wäre es aber auch, daß die sämtlichen preußischen Studenten nur abwechselnd, mal diesen mal jenen 2—3 Fakultäten zur Prüfung überwiesen würden. Die Überweisung dürfte dann erst kurz vor dem Prüfungsgeschäft selbst erfolgen.

Gegenstand des Zwischenexamens müßten die sämtlichen Fächer sein, die in den ersten zwei bzw. drei Semestern zu hören wären. Das Examen selbst müßte einen ernsten Charakter tragen; natürlich dürfte es nicht auf Detailkenntnisse ankommen, sondern es müßte schon hier der Hauptwert auf ein gutes juristisches Urteilsvermögen gelegt werden. — Die im Zwischenexamen geprüften Materien müssen aber natürlich nochmals eingehender im Referendarexamen geprüft werden.

Das Zwischenexamen würde, wie Zitelmann schon hervorgehoben hat, noch nach einer anderen Richtung vorteilhaft sein, nämlich die Möglichkeit gewähren, die zukünftigen Verwaltungsbeamten von intensiverem judiziellen Studium zu entlasten und auf ihr eigentliches Rechtsgebiet, das öffentliche Recht, hinzuweisen.

Haben diese die Grundlagen des Zivilrechts, den allgemeinen Teil des Strafrechts und die rechtsgeschichtliche Entwicklung studiert, so ist's nunmehr mit der Propädeutik für ihren Lebensberuf im wesentlichen genug. Wenn sie auch in der Folge ihre zivil- und strafrechtlichen Kenntnisse durch Besuch praktischer Übungen vertieften und das Prozeßverfahren (abgesehen von der Zwangsvollstreckung) — denn ohne Kenntnis der ZPO. ist die Kenntnis des Verwaltungsstreitverfahrens unmöglich — studierten, so müssen sie doch nunmehr ihre Hauptkräfte dem öffentlichen Recht widmen. Der jetzige Zustand ist durchaus unbefriedigend. Nunmehr ist es nämlich nötig, daß sie als Regierungsreferendare weniger in die Praxis, als in die Theorie der Staatswissenschaften eingeführt werden. Sie werden bekanntlich einem Regierungsrat oder Assessor zugewiesen, der mit ihnen das gesamte Gebiet des Verwaltungsrechts durchstudiert, die Assessorexamina hin und wieder mit anhört und danach seine Kurse einrichtet. Dazu treten noch Vorlesungen von Universitätsprofessoren, Handelshochschullehrern usw. So lesen Universitätsprofessoren zum Teil über Einzelfragen — z. B. über die Reichsbankpolitik, zum Teil über große Gebiete, z. B. über Finanzwissenschaft. Der Stoff und Art solcher Vorlesungen unterscheidet sich in keiner Weise von dem, der auch in der Universität vorgetragen werden könnte oder auch wirklich vorgetragen, aber von den Studenten nicht gehört wird. Also was sie auf der Universität hätten lernen sollen, sollen sie in der Praxis nachholen. Damit wird ein erheblicher Teil der Zeit, die dem praktischen Vorbereitungsdienste gewidmet sein sollte, diesem entzogen. Nun ist es ja schlechterdings ausgeschlossen, daß die Verwaltungsbeamten dies alles schon während der vierjährigen Universitätszeit neben dem gesamten Stoff der Rechtswissenschaft im engeren Sinne hören können. Aber anderseits ist die praktische Ausbildungszeit nicht dazu da, daß sie eben dieser Ausbildung entzogen und den theoretischen Studien gewidmet wird. Das theoretische Studium gehört auf die Universität.

§ 8. Reihenfolge der Vorlesungen.

Daß die Reihenfolge der Vorlesungen nicht ganz in das Belieben der Studenten gestellt, daß das Studium nicht etwa mit Zwangsvollstreckung und Konkurs begonnen werden kann, ist selbstredend. Die Dozenten müssen auch bei ihren Vorlesungen wissen, was sie als bekannt voraussetzen können. Die Einzelheiten sind ja hier weniger wichtig. Aber wichtig ist, mit welcher Vorlesung das Studium begonnen werden soll. Denn es wird ja gerade behauptet, daß in dieser Beziehung ein Fehler gemacht werde, der den Studenten das Jus derart verleide, daß sie sich auf Nimmerwiedersehen aus den Hörsälen zurückziehen, nämlich der Fehler, daß das Studium mit dem römischen Recht beginne. In der Tat sprechen hiergegen zwei Gründe: Einmal der, den O. Fischer hervorhebt: „Es fehlt dem Anfänger, der von den Rechtssätzen nichts weiß, natürlich das Interesse zu erfahren, wie sie geworden sind, daher liegt die Gefahr nahe, daß man ihn durch geschichtliche Auseinandersetzung, deren Ziel und Ende ihm nicht klar ist, aus den Vorlesungen heraustreibt." Dazu kommt, daß das Studium des römischen Rechts an der Hand der Quellen der schwerste Teil des gesamten Studiums ist. Und nun wollen auch viele, die an sich arbeiten möchten, sich doch zu Anfang noch schonen, jedenfalls denken nur wenige daran, außer dem Besuch der Vorlesungen auch noch eingehende häusliche Studien zu treiben. Und ohne diese ist ein Studium des römischen Rechts ganz ausgeschlossen, ja, ich möchte behaupten, geradezu wertlos.

Man könnte ja sagen: Was kümmert es uns, ob der Student Interesse am historischen Studium hat oder nicht, ob er sich in dem ersten Semester anstrengen will oder nicht. Die Studienordnung ist zu billigen, die unabhängig von den Wünschen der Herren Studenten die beste ist. Diese müssen sich eben hiernach richten. Ja, aber wie will man denn diese angebliche Pflichterfüllung erzwingen? Ich meine doch, es muß mit den tatsächlichen, nicht mit den vorgestellten Verhältnissen gerechnet werden.

M. E. ist mit einer Vorlesung der Einführung in das geltende Privatrecht und mit Vorlesungen über das gesamte öffentliche Recht zu beginnen. Das ist näher zu begründen.

Der junge Jurist hat jedenfalls ein lebhaftes Interesse daran, zu wissen, welche Tätigkeit denn eigentlich seiner harrt. Hierin besteht in Wahrheit sein Wirklichkeitshunger. Er will nicht erfahren, wie die Akten aussehen, die Parteien geladen, die Behauptung aufgestellt, die Zeugen vernommen, die Verurteilten exekutiert werden — er geht ja trotz alles Zuredens selten in die Gerichtssitzungen — sondern was er bei alledem zu tun hat, will er wissen. In der Prima holte ich mir mal das Allgemeine Landrecht vor und sah voll Grausen auf die Fülle von Paragraphen, von denen ich annahm, daß man sie einzeln lernen müßte. Mein Grausen bekam aber eine ganz andere Richtung, als ich als mulus 1886 die ca. 30 Jahre vorher geschriebenen Pandekten von Arndts in die Hand nahm und hier ersah, daß es weniger aufs Auswendiglernen, als aufs Begreifen schwieriger Ideengänge ankommen würde. Aber als ich dann im ersten Semester Institutionen hörte, und der damalige Privatdozent, jetzige Ordinarius in Greifswald, Dr. Stampe, eine Stunde einfügte, in der er Rechtsfälle aus dem heutigen Leben zur Entscheidung nach römischem Recht vorlegte, da sah ich klar, was mir bevorstand, und erkannte, daß ich dieser Tätigkeit mein Leben gerne widmen möchte.

Natürlich ist aber zur Erkenntnis dessen, was der junge Herr für eine Tätigkeit zu erwarten hat, in der Theorie wie in der Rechtsfindung, nicht das römische Recht, sondern das heutige das geeignetere. Das römische Recht scheidet aber, wie wir gesehen haben, schon deshalb aus, weil es für den Anfänger zu schwer ist.

Natürlich kann dem Anfänger das heutige Recht nicht in extenso vorgetragen werden. Es bleibt also die bloße Einführungsvorlesung, diese ist aber mehr wie jede andere unter Behandlung von Rechtsfällen konversatorisch zu gestalten, damit eben der Student einen Einblick in das erhält, was seiner harrt. Damit wird aber zugleich ein zweites psychisches Bedürfnis des Studenten erfüllt. Der Wirklichkeitshunger besteht nämlich auch in einem Betätigungsdrange, seinen Mann zu stehen. Ich schiebe z. T. auch auf diesen Drang, der sich ja für die meisten viel einfacher in sportlichen und trinkerischen Leistungen zu zeigen vermag, als in wissenschaftlicher Betätigung, die Kollegienflucht. Dieser Betätigungstrieb, der auch auf der Schule täglich wenigsteus einige Nahrung fand, ist heute mit dem Schritt in die juristischen Hörsäle zunächst ganz beseitigt. Die mehr konversatorischen Einführungsvorlesungen können hier wesentliche Abhilfe leisten, insbesondere für den Ehrgeizigen, der bei erkennbarem und vielleicht auch anerkanntem Fortschritte nicht mehr genötigt ist, erst das Examen abzuwarten, um seine Arbeit, seinen Fleiß und seine Kenntnisse anzuwenden und anerkannt zu sehen. Daß die Vorlesungen zur Einführung ins Privatrecht nicht nur an der Spitze der Privatrechtsvorlesungen, sondern an der Spitze der juristischen Vorlesungen überhaupt gehört, das ergibt sich bereits aus dem Gesagten.

Um zunächst beim Privatrecht zu bleiben, so müssen sich an diese Einführungsvorlesungen dann die historischen Vorlesungen über das Privatrecht anschließen, während eine ausgedehnte Vorlesung über das geltende Privatrecht das systematische privatrechtliche Studium zu vollenden hätte.

Hiermit ist der Vorschlag abgelehnt, daß sich an die Einführungsvorlesung die Darstellung des heutigen Rechts in extenso anzuschließen und die Rechtsentwickelung erst an das Ende zu treten habe.

Das Endziel des Studiums muß doch bei voller Wahrung der wissenschaftlichen Erkenntnis des Rechts überhaupt die wissenschaftliche Erkenntnis des geltenden Rechts sein. Und diese ist ohne Kenntnis der Rechtsgeschichte einfach unmöglich.

Ich wenigstens wüßte nicht, wie jemand z. B. die Lehre

von der Grundbuchverfassung gründlich vortragen könnte, ohne auf das Recht der Gewere zurückzugreifen. Eine die Rechtsentwickelung ausscheidende Lehre ist keine gründliche Lehre. Viele Fragen sind ja ohne Rückgriff gar nicht zu entscheiden, die Entstehung mancher Streitfragen des heutigen Rechts (z. B. über mehrfache Gewere) ohne Kenntnis des früheren Rechts gar nicht verständlich.

Also zu beginnen ist mit einer Einführung in das geltende private Recht, an das sich später die Vorlesungen über römisches und deutsches Privatrecht in geschichtlicher Entwickelung anzureihen und das geltende Privatrecht der Schlußstein zu bilden hätte.

Neben der Einführung ins private Recht und in dem folgenden zweiten Semester ist aber gleich von Anfang an das Staats-, Kirchen- und Völkerrecht, Nationalökonomie und der allgemeine Teil des Strafrechts zu studieren.

Die Materien des Strafrechts, des öffentlichen Rechts und der Staatswissenschaften betreffen Dinge, die nicht bloß den Geldbeutel der einzelnen, sondern die idealsten Interessen der Gesamtheit, ja der Menschheit, angehen. Und deswegen haben sie für jeden Gebildeten, also auch für den jungen Juristen, ein aktuelleres Interesse. Die Dinge aber, die hier verarbeitet werden, setzen Kenntnis und Fähigkeit, mit den Privatrechtsbegriffen zu operieren, nicht voraus. Natürlich, wer an letzteren seinen Verstand geschult hat, wird publizistische Gesetze leichter verstehen als ohnedem. Aber das ist doch kein Grund, mit den schwierigsten Gebieten anzufangen, mit dem römischen Recht, damit dies der leidtragende Teil ist. Irgendwo muß natürlich angefangen werden. Und da ist denn doch wohl das Gebiet am praktischsten zu wählen, das wahrscheinlich mit dem größten Eifer studiert wird. Hier und da mag ja Kenntnis des privaten Rechts erwünscht sein. Aber auch das Privatrecht setzt hin und wieder die Kenntnis öffentlichrechtlicher Regeln z. B. über Begriff und Entstehung von Gesetzen und Verordnungen voraus, und heute ist im Strafrecht der Platz, wo die Frage über die Schuld, über den Ausschluß der Rechtswidrigkeit näher beleuchtet wird, obgleich das Privatrecht, das jetzt dem Studium des Strafrechts vorausgeht, mit diesen

Begriffen nicht minder arbeitet. Die paar zivilrechtlichen Begriffe, die ins Strafrecht hineinspielen, kann der Strafrechtslehrer in der Vorlesung über Strafrecht ebenso auseinandersetzen, wie die aus dem Staatsrecht (Beamter, gesetzgebende Versammlung) oder aus dem Prozeßrecht (Zwangsvollstreckung, auferlegter Eid), oder solche, die nicht gleichzeitig in einem anderen Rechtsgebiet vorkommen. Also vorheriges Studium des Privatrechts ist für das Strafrecht und das öffentliche Recht nicht nötig. Ja, es wird sogar behauptet, daß es schädlich sei, nämlich bewirke, daß die Juristen auch staatsrechtliche Dinge in privatrechtlicher Weise aufzufassen liebten.

Ganz anders denkt sich Zitelmann den Studiengang. Er meint nämlich: Da das Recht ein einheitliches System sei, so sei ein Teil daraus nicht eher verständlich, ehe nicht das Ganze verstanden wäre; so wie bei einer Kugel gäbe es keine Grundlage und keine Spitze. Deshalb sei es nötig, da man doch irgendwo anfangen müsse, eben das Ganze zweimal zu lesen. Bei dieser Deduktion käme man aber konsequenterweise zu einer unendlichen Kette von Lesungen.

Jedoch scheint mir nicht einmal die Grundlage richtig zu sein. Natürlich kann die eine Regel a, die in einem ganz anderen Rechtsgebiete vorkommt als die Regel b, trotzdem sehr wohl in der Lage sein, jene Regel b erst in ihrem wahren Lichte zu zeigen. Aber deshalb ist das ganze Recht doch nicht ein einheitliches ganzes System. Man denke doch den unmöglichen Fall, daß Preußen in eine Republik verwandelt würde. Also nicht einmal der Umsturz des ganzen öffentlichen Rechts verlangte, daß auch nur ein Satz des Privatrechts anders verstanden werden müßte als bisher!

Zitelmann erhofft von der Einführungsvorlesung über das gesamte Recht noch einen besonderen Erfolg: Sie ließe sich für die Anfänger ganz besonders fesselnd gestalten, auch wenn er noch so theorieunlustig wäre. Aber der eine große Bruchteil der Studenten kommt eben gar nicht, von Anfang an nicht in die Vorlesungen auch der interessantesten Dozenten, namentlich die Studenten in den Anfangssemestern. Sie wissen also gar nicht, daß es dort etwas Interessantes zu hören gibt. Jedoch verstehe ich für meine Person nicht, wie gerade die Einführungsvorlesung besonders interessanten Rechtsstoff bieten soll. Ist denn das tiefere Eingehen auf die Probleme weniger interessant?

Nach meiner Auffassung wäre es also für den Beginn des Studiums am zweckmäßigsten, eine Einführungsvorlesung nur über das Privatrecht. Das Studium des öffentlichen Rechts braucht von unseren Ziviljuristen gewiß nicht zweimal gehört zu werden, und auch das Strafrecht bedarf keiner doppelten Vorlesung. Die Zeit könnte besser zu anderen Vorlesungen, insbesondere über Spezialgebiete verwandt werden.

Hiernach ergäben sich für den Beginn des Studiums eine Vorlesung, die den Studenten in das Privatrecht kurz einführte, um ihn für die folgenden historischen Studien vorzubereiten, zugleich aber Vorlesungen über Staatsrecht, Kirchenrecht, Völkerrecht, Nationalökonomie und den allgemeinen Teil des Strafrechts.

Als Ergebnis wäre den Studenten etwa folgende Studienordnung anzuraten, bei der die Vorlesungen über Spezialgebiete nicht weiter berücksichtigt sind:

1. Semester:

a) Einführung in die Rechtswissenschaft des Zivilrechts,
b) Strafrecht, allgemeiner Teil,
c) Nationalökonomie I.

2. Semester:

a) Kirchenrecht,
b) Staatsrecht,
c) Deutsche Rechtsgeschichte,
d) Völkerrecht,
e) Nationalökonomie II.

3. Semester:

a) Römische Rechtsgeschichte,
b) System des römischen Privatrechts und des römischen Zivilprozesses,
c) Übungen im römischen Recht.

Auf diese Fächer hätte sich dann die Zwischenprüfung zu erstrecken.

4. Semester:

a) Pandektenexegese,
b) Deutsches Privatrecht,
c) Bürgerliches Recht: Allgemeiner Teil; Obligationen,
d) Übungen im Staatsrecht.

5. Semester:

a) Bürgerliches Gesetzbuch: Sachen-, Familien- und Erbrecht,
b) Handelsrecht,
c) Übungen im bürgerlichen Recht,
d) Strafrecht: Besonderer Teil.

6. Semester:

a) Wertpapiere, Wechsel- und Scheckrecht,
b) Zivilprozeß I,
c) Übungen im Strafrecht,
d) Strafprozeß,
e) Seminare und Konversatorien.

7. Semester:

a) Zivilprozeß II,
b) Verwaltungsrecht,
c) Übungen in der deutschen Rechtsgeschichte und im deutschen Privatrecht,
d) Übungen im Handelsrecht,
e) Übungen im bürgerlichen Recht,
f) Seminare und Konversatorien.

8. Semester:

a) Rechtsentwickelung in Preußen, Finanzrecht, Rechtsphilosophie,
b) Übungen im Zivilprozeß,
c) Seminare und Konversatorien.

§ 9. Das Referendarexamen.

Nach normalem Ablauf der Studien muß der Kandidat in der Lage sein

1. über eine Spezialfrage die Literatur durchzuarbeiten und sich über sie eine bestimmte Ansicht zu bilden;
2. an Rechtsfälle methodisch heranzutreten und sie ohne Fehler gegen die Elemente zu entscheiden;
3. er muß ein hinlängliches Wissen haben.

Dies zu erforschen sind meines Erachtens unsere heutigen Examensaufgaben völlig ausreichend.

1. Die wissenschaftliche Arbeit,
2. die Klausuren und
3. das mündliche Examen.

Der Einwand gegen die Hausarbeit, sie brächte regelmäßig doch nur Exzerpte aus der Literatur, trifft nicht die Aufgabe, sondern die Examinatoren. Gewiß kann nicht von einem Normalstudenten eine neue und originelle Behandlung einer schon bestrittenen Rechtsfrage verlangt werden, sondern nur, daß er die vorhandene Literatur zu sammeln, zu sichten, selbständig, mit seinen Worten, darzustellen und sich eine Meinung zu bilden vermag. Aber das genügt, um ein Urteil über ihn zu gewinnen. Bekommt der Student namentlich die eigene Darstellung nicht fertig, klammert er sich ängstlich an die Worte der Schriftsteller, so zeigt er so seine Unfähigkeit; und solche Arbeit kann eben nicht, wie es meist heute ist, „noch" genügen. Nur wenn er sich in der Darstellung der Literatur frei bewegt, so kann man sehen, ob er imstande ist, fremde Ansichten zu verstehen und darzustellen. Außerdem kann man mit Sicherheit annehmen, daß der Ignorant bei einer Darstellung in freier Sprache infolge seiner Ignoranz, ohne es zu ahnen, grobe und gröbste Fehler macht, die charakteristisch genug sind. Aber auch durch die Sicherheit in der Art der Meinungsbildung und durch Konsequenz wird sich der Gute von dem Mittelmäßigen selbst dann abheben, wenn er sonst nach der Natur der Arbeit keine Gelegenheit zur Selbständigkeit findet. Allerdings ist es ganz sicher, ich kann das beweisen, daß die Arbeiten zum guten Teil unselbständig angefertigt werden. Aber das spielt neben den Klausuren jetzt keine bedeutende Rolle mehr. Doch wäre es meines Erachtens empfehlenswert, die Klausurarbeiten um eine aus dem Zivilrecht, insbesondere dem Handelsrecht, zu vermehren. Das Zivilrecht muß doch wohl nach wie vor Mittelpunkt des Studiums bleiben, und auch Mittelpunkt des Examens. So wird es auch in der Tat gewertet. Dabei fällt aber auf die eine zivilrechtliche Klausur ein verhältnismäßig zu großes Gewicht. Jedermann kann einmal eine böse Stunde haben. Die hier gemachten Fehler auszugleichen muß ihm Gelegenheit gegeben werden.

Wer ferner in der Praxis von den auf ihn eindrängenden Massenerscheinungen Nutzen ziehen will, der muß den Rechtsstoff im wesentlichen beherrschen. Das gilt trotz allem auch für den Prozeß. Und eine bevorzugte Kontrolle über die Fähigkeiten ergäbe die Klausurarbeit. Hauptsächlich aber würde durch diese Maßnahmen der Praktikantenschein mit seinen übelen Begleiterscheinungen ersetzt.

Hiernach wären als Examensleistungen zu fordern:

1. Eine Hausarbeit. Für deren Anfertigung müßten 4 Wochen genügen. Es dürfte aber dann auch nur eine wissenschaftliche Frage zur Behandlung gegeben werden.
2. Zwei zivilrechtliche (bezw. handelsrechtliche) Klausuren im prozessualen Gewande und mit prozessualen Fragen.
3. Eine strafrechtliche Klausur unter Berücksichtigung des Strafprozesses wie bei 2.
4. Eine öffentlich-rechtliche Klausur. Das Thema für diese muß aber so gewählt sein, daß die Arbeit nicht bloß ein Exzerpt aus den Gesetzen darstellt. Namentlich historische Themata wären hier zu bevorzugen.

Hiernach gäbe es eine Klausur mehr. Dafür würde aber die Hausarbeit, in die jetzt vielfach ein ganzes Bündel von strittigen Rechtsfragen, die dann alle oberflächlich behandelt werden, hineingeheimnist wird, bedeutend entlastet und Zeit und Kraft gewonnen.

Nun aber zum A und O der ganzen Vorbildungsreform, zur Verschärfung des Referendarexamens. Wenn nämlich feststeht, daß die meisten stud. iuris zuwenig tun, ist ferner hinzuzufügen, daß sie auch, wie Stölzel schon 1880 geklagt hat, wie aber auch heute der, der Augen hat, zu sehen, überall sieht, das Versäumte später nicht nachholen, so bleibt nichts übrig, als die Referendarprüfung zu verschärfen. Dies deshalb,

1. um dadurch den Lerneifer zu stärken und
2. um das Bestehen des Assessorexamens zu sichern.

Daß zur Hebung des Lerneifers die Erschwerung des Examens notwendig ist, folgt daraus, daß es dazu das einzig geeignete Mittel ist. Denn daß Kontrollvorschriften über den Besuch der Vorlesung nicht angängig sind, daß es ferner am Lehrsystem nur zum Teil liegt, ist oben gezeigt.

So bleibt die Verschärfung des Examens. Daß nun ein schärferes Examen ein besseres Studium zur Folge hat, läßt sich durch Erfahrung tatsächlich beweisen. Die Studenten der Rechtswissenschaft verhalten sich gegenüber der Freiheit nichts zu tun, wie man es den Männern den Frauen gegenüber nachsagt: sie gehen im Durchschnitt so weit als sie es dürfen. Liszt und Goldschmidt fanden bei schärferen Examen in Graz, Gießen und Heidelberg im Verhältnis zu Marburg und Berlin ungleich bessere Ergebnisse. Insbesondere haben ja nur die Preußen in Heidelberg sich durch Nichtstun ausgezeichnet. Gierke hat 1877 festgestellt, daß der Fleiß sich etwas gehoben habe, nachdem das Referendarexamen nach Beseitigung des Auskultatorexamens etwas schärfer geworden sei. Endlich kann aus jüngster Zeit mitgeteilt werden, daß die Einführung der strafrechtlichen Klausuren volle Strafrechtspraktika und die öffentlich-rechtlichen Klausuren ein besser besuchtes Staatsrechtkolleg zur Folge gehabt hat. Also Verschärfung des Referendarexamens ist zur Hebung des Fleißes geeignet, und andere Zwangsmittel gibt es nicht.

Im Examen muß nun so viel gefordert werden, als sich ein normaler Student in der Minimalstudiendauer unter Ausnutzung der Universitätsmittel bei nötigem Fleiß, unter Berücksichtigung der für seine sonstige Ausbildung nötigen Zeit, anzueignen imstande ist. Bleiben die Erfordernisse unter diesem Ziel, so werden sich Leute finden, die sich erbieten, ihn mit entsprechend leichteren Mitteln zu diesem Ziel zu bringen. Und den meisten Studenten ist ja das Examen das höchste, das einzige Ziel[1]).

Die Verschärfung des Examens kann aber nicht durch Vorschriften erreicht werden, welche das Minimum der Examens-

[1]) Schon aus dem Texte geht hervor, was aber zur Verhütung von Mißverständnissen noch ausdrücklich gesagt werden soll, daß von dem geringen Bruchteil der Fleißigen hier überall nicht die Rede ist. Für diese bedürfte es überhaupt keiner Reform.

leistungen mehr oder minder genau beschreiben. Solche Vorschriften sind erfahrungsgemäß einfach wertlos. Schon 1840 klagte der Justizminister über zu milde Prüfung, die Prüfungsordnung verlangt 1849 sorgfältige und „strenge" Prüfung. Dabei sollte der Kandidat nach der AGO. im Auskultatorexamen, bei dem es bekanntlich ein Kunststück war durchzufallen, nachweisen, daß er „gute natürliche Fähigkeiten und eine gesunde Beurteilungskraft besitze und daß er sich in der Theorie der Rechtsgelehrsamkeit gründliche und zusammenhängende Kenntnisse erworben habe." Also das Verlangen unserer Prüfungsordnung:

> „daß der Kandidat Einsicht in das Wesen und die geschichtliche Entwickelung der Rechtsverhältnisse und eine allgemeine juristische Bildung habe,"

ist völlig ausreichend, wenn nur nicht die „Einsicht", was auch schon geschehen ist, so ausgelegt wird, als ob es nur notwendig wäre, daß er auch schon ein oder das andere Mal einen Blick in das Wesen usw. hineingeworfen hätte. Es muß also nicht das Gesetz, das das Ziel der Prüfung vorschreibt, sondern die Art, wie das Ziel zu erreichen ist, geändert werden.

Also die Mittel, die zur Feststellung der Kenntnisse und Fähigkeiten angewendet sind, funktionieren nicht scharf genug.

Bevor Vorschläge über Verschärfung dieser Mittel gemacht werden können, ist auf die jetzige Ungeeignetheit der Mittel zur Examinierung in gewissen Disziplinen hinzuweisen. Nämlich: das öffentliche Recht, auf das die Prüfung sich ja auch in Zukunft nur in den Grundzügen erstrecken kann, eignet sich weniger zur Prüfung in der Kunst der Rechtsanwendung, also dem höchsten Ziele des Juristen. Daher ist die Prüfung hierüber für die Beurteilung der juristischen Fähigkeiten des Kandidaten weniger geeignet. Die Folge davon ist, daß bei der jetzigen Prüfungsmethode auch Kandidaten das Examen bestehen können, die im öffentlichen Recht wenig oder fast gar nichts wissen. Hilfe bietet hier eine Zweiteilung der Prüfung. In den einen Teil würde Privatrecht, Strafrecht und Prozeß, in den anderen Staats-, Verwaltungs-, Kirchen- und Völkerrecht, alles in historischer Entwickelung, und Nationalökonomie gehören. Damit aber doch nicht noch indirekt eine Kompensation erfolgt, ist es notwendig, daß jeder Prüfungsteil für sich bestanden oder nicht bestanden werden kann, so daß beim Bestehen eines Teiles allein nur noch der andere Teil zu wiederholen ist.

Die Examinatoren müssen natürlich Fachleute sein. Es dürfte nicht vorkommen, daß Examinatoren bestellt werden, die sich nicht mit voller Sicherheit und Freiheit auf den Gebieten bewegen können, die sie zu prüfen haben. Der Minister ist nun, offenbar in dem Bestreben, nur Fachleuten die Prüfung anzuvertrauen, dazu übergegangen, den Prüfungsstoff in drei Teile zu teilen:

1. Römisches und bürgerliches Recht,
2. deutsches und Handels- und bürgerliches Recht,
3. das gesamte öffentliche Recht,

und danach Examinatoren für Gruppe 1, 2 und 3 zu ernennen. Die Einteilung ist zunächst zu schematisch. Ich gehöre z. B. zur Gruppe 2, obgleich ich fortgesetzt Zivilprozeß lese, den ich denn auch immer mit prüfe. Aber wie vielen Strafrechtslehrern wird die Prüfung in den publizistischen Fächern, wieviel Publizisten die Prüfung im Straf- und Prozeßrecht fast unmöglich? Und nun gar die Praktiker! Hier wird nämlich der bei den Theoretikern gemachte Fehler noch durch einen zweiten potenziert: die Praktiker erhalten nicht bloß für eine, sondern für zwei, ja in manchen Kommissionen für alle drei Gruppen den Prüfungsauftrag! Dann bleibt die ganze Gruppierung nur noch für die Theoretiker von Bedeutung; und doch hat von diesen kaum einer je der Prüfung dadurch geschadet, daß er sich auf Gebiete gewagt hätte, die ihm unbekannt waren. Aber nun sehen Sie den mit Gruppe II und III belasteten Praktiker! In Gruppe III kennt er gut Prozeß und Strafrecht, in Gruppe II das BGB. und Handelsrecht; und das wird denn auch von ihm mit Vorliebe geprüft. Weniger kommt das öffentliche Recht zur Hebung (aber auch vielfach nach einer Vorbereitung von Fall zu Fall, die das Kleben an dem vorbereiteten Stoffe geradezu notwendig macht) und so gut wie gar nicht die Deutsche Rechtsgeschichte und die Entwickelungsgeschichte des deutschen Privatrechts. Nehmen sie nun hinzu, daß etwa in jeder Prüfung ein romanistischer Professor mitwirkt, damit er die Quellen übersetzen lassen kann, daß also die Dozenten des deutschen, des Straf-, des Prozeß- und des öffentlichen Rechts miteinander abwechseln, so haben Sie ein Bild, welche Rolle die publizistischen Fächer und besonders das deutsche Privatrecht und die deutsche Rechtsgeschichte spielt. Und da, wie wir gesehen haben, das Examen der Anreiz zum Studium für die Masse ist, so haben Sie ein Bild davon, welche Kraft den publizistischen Fächern und welche der Entwickelungsgeschichte des vaterländischen Rechts gewidmet wird. Meines Erachtens sind also zu jeder Prüfung

1. zur judiziellen Prüfung ein romanistischer, ein germanistischer und ein kriminalistischer Professor (unter den dreien ist sicher auch ein Prozessualist) und ein juristischer Praktiker;
2. zur publizistischen Prüfung: ein publizistischer und ein nationalökonomischer Professor und ein höherer Verwaltungsbeamter zuzuziehen.

Damit nicht zuviel Kraft auf das Examensgeschäft vergeudet wird, ließe sich vielleicht das Examen derart vereinfachen, daß die Kandidaten höchstens zu vieren von je einem Professor und dem Praktiker zusammen in dem Fach oder Fächern des Professors geprüft und daß über die Prüfung sofort ein Urteil abgegeben würde. Und hier hätte nun die Verschärfung der Prüfung einzusetzen: Wenn beide über das Nichtbestehen der Prüfung einig sind, so dürfte der Halbteil der Prüfung nicht bestanden sein, so daß die übrigen Teile des Halbteils dann eventuell gar nicht mehr in Betracht kämen; besteht zwischen beiden eine Meinungsverschiedenheit, so besteht der Kandidat nur dann die Prüfung, wenn sich für die übrigen Teile der Prüfung keine Meinungsverschiedenheiten mehr ergeben. Dadurch wird allerdings die Prüfung erheblich verschärft. Wenn zwei Theoretiker für Nichtbestehen je ihres Teils der Prüfung sind, so wäre die Prüfung nicht bestanden, ebenso wenn der Praktiker allein zweimal gegen das Bestehen in zwei Fächern ist. Aber ohne Verschärfung geht eben keine Reform ab, und die Verschärfung läßt sich nur durch größere Schneidigkeit der Mittel erreichen. Da nun die Examinatoren selbst nicht anders werden, so müssen es die Vorschriften über die Abstimmungen. Bei dieser Methode hat der Praktiker insofern noch immer einen Vorzug vor dem Theoretiker, als er imstande ist, gegen die Theoretiker das Eindringen ungeeigneter Elemente aufzuhalten.

Damit aber die Gefahr ausgeschlossen ist, daß ein Examinator zu sehr auf Spezialgebieten festsitzt, muß es Aufgabe des Vorsitzenden sein, die einzelnen gleichzeitig prüfenden mehreren Gruppen dauernd im Auge zu behalten und bei ungeeigneten Fragen die Antwort abzuschneiden.

Die mündliche Prüfung bildet den Schlußakkord. Die Folge ist, daß der letzte, hier gewonnene Eindruck leicht überwiegt. Gewiß mit Unrecht, denn die Tiefe zeigt sich besser in den mit einer gewissen Muße, die Überlegung zuläßt, anzufertigenden schriftlichen Arbeiten.

Das gilt schon von heute, das wird noch mehr gelten, wenn erst die Klausuren noch vermehrt sind. Es ist also zu verlangen, daß die schriftliche Prüfung für sich bewertet und niemand zum mündlichen Examen zugelassen wird, der nicht ein genügendes schriftliches Examen bestanden hat. So ist es schon lange auch im Regierungsassessorexamen. Die Arbeiten müßten regelmäßig von drei Examinatoren zensiert werden. Sind zwei von ihnen für nicht ausreichend, so müßte die Arbeit für nicht ausreichend erklärt werden; ist es nur e i n e r, so müßte der Vorsitzende als vierter Zensor zugezogen und ihm zur Entscheidung, ob sie noch ausreiche, vorgelegt werden. — Wenn hiernach schon die ersten beiden Examinatoren über ungenügend einig sind, so würde die Zensur des dritten überflüssig sein. Nachher hätte dann noch eine Gesamtabstimmung, ob die schriftliche Prüfung bestanden sei, stattzufinden, bei der die bereits erfolgten Abstimmungen zugrunde zu legen wären, und für die möglichst wieder feste Normen gegeben werden müßten, so daß sich die Gesamtabstimmung möglichst als eine einfache Subsumption zu ergeben hätte. Ja, ich wäre sogar dafür, daß die Arbeiten eines Kandidaten nicht zusammen, sondern getrennt und ohne Namenangabe für sich zensiert würden. Denn es herrscht bei manchen Kommissionen ein geradezu ängstliches Bestreben, bloß dafür zu sorgen, daß der Kandidat zur mündlichen Prüfung zugelassen wird, damit ihm die Schande der Zurückweisung erspart bleibe. Inwieweit sich das mit dem Sinn unserer Verordnungen über das Prüfungswesen vereinigen läßt, bleibt allerdings mehr als schleierhaft.

Die Prüfungen werden zum Schluß des Semesters immer leichter [1]). Das kommt daher: es ist eine wohl bei allen Kommissionen

---

[1]) Dieser Abschnitt ist wörtlich meinem Aufsatz in der J. W. Schr. 1910 Nr. 7 entnommen.

jahraus, jahrein wiederkehrende Erscheinung, daß die gut vorbereiteten Kandidaten sich nach 6 Semestern zur Prüfung geradezu drängen, um keine Zeit zu verlieren, während die Schwächeren je nach dem Grad ihrer Schwäche immer mehr oder weniger lange warten (natürlich Ausnahmen vorbehalten). Daher ergibt sich denn, daß jetzt die anfangs Geprüften in der Regel vorzügliche Kenntnisse besitzen werden, die Kenntnisse der später Geprüften allmählich abflauen, um schließlich erbärmlich zu werden. Während es nun im Anfang natürlich leicht ist, zu sehen, was ein normaler Student in 6 Semestern erreichen kann, der Unterschied schwächerer Leistungen daher sofort auffällt, ist man im letzten Teil des Prüfungsjahres an die schlechten Leistungen derart gewöhnt, daß eine recht bescheidene Mittelleistung schon angenehm auffällt. Dazu kommt aber auch eine rein menschliche Eigenschaft: Es ist natürlich kein Kunststück, innerhalb mehrerer guter Examina den einen oder anderen schwächeren Kandidaten durchfallen zu lassen, dagegen ist es keine Kleinigkeit, sich in dem zweiten Teile des Examensjahres in mehreren oder fast allen Prüfungen dahin schlüssig zu werden, den sämtlichen oder doch einer großen Zahl der Kandidaten die Befähigung zu versagen. Es ist hier wie in der Schule. Die Anforderungen im Lateinischen haben sich nicht wesentlich verändert, die Kenntnisse der Abiturienten wohl: die Leistungen der Schüler bestimmen das Niveau des Examens. Es wird nicht ein bloß absoluter Maßstab angelegt.

Dies ließe sich folgendermaßen ändern: Am Ende jeden Semesters ist eine ganz bestimmte, kurze Zeit — etwa eine Woche — vorzuschreiben, innerhalb welcher die Meldungen zum Examen eingereicht werden müssen. Wer sich, aus welchem Grunde immer, nicht rechtzeitig meldet, wird nicht zugelassen. Die Zugelassenen werden möglichst schnell, und zwar nicht nach der Reihenfolge der Meldungen, sondern nach irgendwelchen äußeren Merkmalen, z. B. nach dem Alphabet, zur mündlichen Prüfung zugelassen. Wer fehlt oder die Arbeit verfallen läßt, wird unter die Kandidaten des nächsten Semesters eingereiht. So würden im Jahre doch nur zwei Gruppen von Kandidaten gebildet, innerhalb deren die einzelnen untereinander höchst ungleich sind, daher wird der relative Maßstab zum guten Teil ausgeschaltet. (Auch in den anderen Fakultäten ist nicht die Möglichkeit gegeben, sich zu jeder beliebigen Zeit zum Examen zu melden.)

Natürlich wäre es idealer, wenn es an Stelle solcher durch kasuistische Bestimmungen eintretenden Gebundenheit der Examinatoren bei deren freiem Ermessen bleiben könnte. Aber diese Freiheit setzt andern Examinatoren voraus, als wie sie sind und wohl auch bleiben werden. Denn wer selbst einst mit seinen Angehörigen in gleicher Lage wie der Kandidat gewesen ist, der kann sich des warmen Mitgefühls mit dem Kandidaten nicht entziehen, auch wenn dies nur im Unterbewußtsein wirken sollte. Ein Urteil nach freiem Ermessen wird leicht ein Urteil nach der Barmherzigkeit werden. Und doch bleibt jede Studienreform ohne Verschärfung des Referendarexamens eine Scheinreform!

Was den Inhalt des Prüfungsgegenstandes betrifft, so ist zwischen Kenntnissen und Urteilsfähigkeit zu scheiden. Kenntnisse im Detail sind jedenfalls in Dingen nicht nötig, die jederzeit im Gesetz nachgesehen werden können. Hier auch nur probeweise zu fragen, ist schon deshalb gefährlich, weil die später zu Prüfenden dann ihre Kraft unter Anleitung des Repetitors dazu verwenden würden, solche Dinge auswendig zu lernen. Dagegen ist jede Gnade, die über Schwäche der Urteilsfähigkeit hinwegsieht, eine Pflichtwidrigkeit. Sie führt entweder zum Eindringen ungeeigneter Elemente in die Justiz, oder sie nötigt dazu, das Assessorexamen zu schärfen oder den Assessor, dem man nicht die nötigen Qualitäten zutraut, die Anstellung als Richter zu versagen und zum Subalternbeamten zu degradieren, also die Gnade an einer Stelle in Ungnade zu verwandeln, wo die Härte den davon Betroffenen bis zum Zusammenbruch zerschmettern muß. Anderseits ist's aber ebenso sicher, daß es bei dieser Unbarmherzigkeit bleiben muß, wenn jene falsche Milde im Referendarexamen nicht schwindet. Also wo da die größere Barmherzigkeit liegt, ist nicht schwer zu sehen.

§ 10. Referendariat, Assessorexamen, Assessorat.

Das Referendariat hat in Preußen erst seit kurzem, nämlich unter allmählichem, der Verkürzung des Rechtsstudiums entsprechendem Wachsen, seine jetzige Dauer von vier Jahren erreicht, nämlich erst seit 1849. Es war vielleicht schon unter den damaligen Verhältnissen zu lang.

Wenn nun aber, was ja zu erstreben ist, die Referendare in Zukunft die Theorie und Methode der Rechtsanwendung in ganz anderem Maße als jetzt beherrschen, wenn sie nicht nur intensiver, sondern auch noch ein Jahr länger studiert haben, dann können sie während des Referendariats auch viel intensiver zur praktischen Arbeit herangezogen werden, da es dann nicht mehr nötig ist, ihnen Zeit für theoretische Studien und Kurse zu lassen.

Dazu kommt aber noch, daß jetzt der Referendar, der damals in Preußen ohne Kenntnis des von ihm anzuwendenden Zivil-Straf- und -Prozeßrechts in die Praxis trat, seit 1900 das geltende Recht beherrscht, so daß das Referendariat vom Theoriestudium völlig entlastet werden kann.

Auch die Aufgabe, die das Referendariat zu erfüllen hat, spricht nicht für eine zu lange Dauer. Der Zweck des Referendariats ist einmal der, die Referendare zur juristischen Tätigkeit zu erziehen.

Diese besteht in der Fähigkeit:

1. jedes beliebige Gesetz nach Grund und Zweck zu erfassen und auf seinen eigentlichen Gehalt zurückzuführen (Gerland),

2. den Tatbestand zu ermitteln und durch Scheidung des Wesentlichen vom Unwesentlichen unter das Gesetz zu bringen.

Abgesehen von der Feststellung der Tatsachen hat die theoretische Vorbildung die gleichen Aufgaben. Nur insofern ist die Praxis ihr auch bei der rein juristischen Tätigkeit, den Inhalt des Gesetzes festzustellen und es anzuwenden, über, als die Urteile der Theorie keinen Tropfen Blut und keinen Groschen Geld kosten. Die Verantwortung der Praxis ist eine größere. Aber, wenigstens soweit meine Person in Frage kommt, muß ich bekennen, daß ich zwar als Schüler Dernburgs als erstes Prinzip in die Praxis mitgenommen habe, das richtige Recht zum Durchbruch zu bringen, daß mir aber die Freude an juristischen Spitzfindigkeiten erst ganz verloren ging unter dem Drucke, daß die Entscheidung, die ich als selbständiger Urteiler fällte, in die Tat umgesetzt werden würde. In diesem Sinne ist gewiß auch das Wort Hamms gemeint: „Man lernt die Praxis erst beim Handeln unter eigener Verantwortung", und aus diesem Grunde empfiehlt auch er keine zu lange Vorbereitung. Aus diesem Grunde dürfte sich aber vor dem Eintritt in die entscheidende richterliche Tätigkeit eine längere anwaltliche, insbesondere Vertretung beschäftigter Anwälte empfehlen, weil man hier die Verantwortung für seine Tätigkeit den Parteien gegenüber mit wuchtender Schwere empfindet.

Der Zweck des Referendariats ist zweitens die Erlernung des Bureaudienstes und dessen, was das Sein und den Schein eines höheren preußischen Beamten ausmacht, insbesondere die preußische Pflichttreue. Wenn nun das Studium schon derart gestaltet werden wird, daß von Anfang an auf ein zwar nicht übermäßiges, aber unausgesetztes und ernstes Arbeiten hingewirkt wird, so wird ja im wesentlichen die Eingewöhnung in einen arbeitsreichen Dienst wirksam vorbereitet sein.

Im einzelnen wäre folgendes zu beachten:

1. Die zu meiner Zeit durchaus übliche Heranziehung der Referendare zum schablonenmäßigen Dienst — Protokollieren nach Diktat, Ausfüllung von Formularen, insbesondere Eröffnungsbeschlüssen („Inseratur Anklage!" war verboten, auch bei den Überweisungssachen!) usw. — ist durchaus unzulässig, dagegen ist der innere Dienst der Gerichtsschreiberei zu pflegen (Kassenverwaltung, Entwurf von Erbauseinandersetzungen oder von Verteilungsplänen in Zwangsversteigerungssachen usw.).

2. Theoretische Kurse müssen unnötig sein. Der Referendar muß theoretisch mindestens so ausgebildet sein, daß er die für die Entscheidung seiner Fälle nötige Theorie sich selbst suchen und aneignen kann.

3. Praktische Kurse sind wertvoll, aber nur, wenn

a) der Richter Zeit dazu hat, gründlich vorbereitet die Kurse abzuhalten. Er muß zu diesem Zwecke vom sonstigen Geschäfte wesentlich entlastet werden;

b) der Richter auch aus Lust und Liebe am Unterricht und zur Jugend getrieben und auch sonst hierzu befähigt ist.

Ich denke mir diese Kurse so, wie ich sie selbst erteilt bekommen habe: Die Sachen, die der Referendar **in praxi** selbst schriftlich bearbeitet hatte, sind von ihm zu referieren, daran hat sich eine Besprechung anzuschließen. Hier wird der Fehler vermieden, den Hellwig an den jetzigen Referendarkursen bespottet. Er vergleicht sie mit Übungen der Mediziner, bei denen nicht die im Krankenhause liegenden Kranken, sondern Spirituspräparate, die eben jene Krankheitserscheinung darstellen, vordemonstriert werden. Der angebliche Fehler, daß die übrigen Teilnehmer des Kurses den Stoff nicht kennen, ist ein Vorzug. Denn gerade das muß erreicht werden,

1. daß der Referent die Sache auch Unkundigen klarmachen und
2. daß auch die Hörer sich nach dem Votum des Referendars ohne Vorbereitung in die Debatte hineinfinden können.

Das müssen sie ja schon auf den praktischen Übungen in der Universität. Für zweckmäßig würde ich es halten, wenn ein Übungsleiter die Referendare beim Landgericht und der Staatsanwaltschaft in der Hand behält und ihnen dann ein ausführliches Attest erteilt. Der Dienst, die Übung zu besuchen, darf nur bei gehörigem Urlaub versäumt werden.

4. Einen Punkt möchte ich hervorheben, der an sich gering scheint, es aber doch nicht ist: Der Referendar, der von der Universität kommt, ist dort von seinen Lehrern nicht nur mit ausgesuchter Höflichkeit, sondern geradezu kameradschaftlich behandelt worden: In den praktischen Übungen insbesondere konnte er frei an den Ansichten der Professoren Kritik üben, und gerne wurde auf seine Bedenken eingegangen. Persönliches wie sachliches Interesse war ihm sicher. Ich habe nun gefunden, und auch meine ehemaligen Kollegen im Referendariat waren mit mir darüber einig: Der Zustand blieb so bei den Einzelrichtern, dem Rechtsanwalt und der Staatsanwaltschaft, hörte aber auf bei den Kollegien. Über die Höflichkeit oder Unhöflichkeit der Einzelnen rede ich hier nicht. Aber eisige Kühle, eine groteske Interesselosigkeit gegenüber den Referendarien und ihren Arbeiten zeigte uns die tiefe Kluft zwischen uns und jenen. Eine Bemerkung während der Debatte durch einen Referendar galt als Arroganz, die um so übler empfunden wurde, je mehr er recht zu haben schien. Es herrschte die feste Überzeugung unter uns Referendarien, daß wir und unsere Arbeiten nicht für voll angesehen wurden. Einer zog die Konsequenz: Wenn ihm Offizialverteidigungen übertragen wurden, führte er nur an, daß er nichts zu sagen habe — weil er wußte, daß man seine Reden gar nicht oder doch nur, um sie zu kritisieren, nicht, um inhaltlich Wert auf sie zu legen, anhören würde. Ein anderer Referendar, der sich als Anwaltsvertreter das Gehör erzwang und rücksichtslos gegen die Entscheidung der Gerichte durch Rechts-

mittel vorging, wurde geradezu gesellschaftlich boykottiert. Der eine von beiden hat jetzt einen angesehenen Verwaltungsposten in Preußen, der andere ist ein hoher Reichsbeamter geworden. Es ist eben die Annahme verfehlt, daß erst das Assessorexamen zum Juristen stempelt, aber selbst wenn es das täte, so wäre doch gerade den Referendarien gegenüber ein anderes Verhalten angebracht gewesen. Denn die Referendarien, die merken, daß man nicht nur ihre Arbeiten als voll nimmt, sondern auch sie selbst, setzen ganz anders ihre Arbeitskraft ein, als wenn sie ignoriert werden. Wenn ein Richter auf die Voten der Referendare auch nur irgendwie einging und ihre Entscheidungsentwürfe ohne zu pedantische Korrekturen annahm, war er als Lehrmeister erstrebt. Man sah doch, daß man im Alter von ca. 25 Jahren wenigstens etwas konnte: einem anderen ein Stück Arbeit abnehmen.

5. Den Vorschlag, die Referendare nicht zum Oberlandesgericht zu schicken, da sie ja die Berufung beim Landgericht hinreichend kennen lernen könnten, halte ich für unglücklich. Ich habe die Überzeugung, daß beim Oberlandesgericht tiefer gegraben wird als in den unfehlbaren Berufungskammern des Landgerichts, deren Zusammensetzung keineswegs ein im Durchschnitt besseres Urteil verbürgt, als es das des Amtsrichters war. Ich glaube aber, daß die Berufungskammer beim Landgericht deshalb überflüssig ist, weil der Referendar das Verfahren in Berufungssachen noch genug beim Oberlandesgericht kennen lernen wird.

6. Fraglich ist es, ob die Justizreferendare eine Zeitlang in der Verwaltung tätig sein sollen. Ich würde die Frage bejahen. Für den Juristen kommt es darauf an, eine möglichst vielseitige materielle, nicht bloß formale, sich in Rechtsregeln erschöpfende Bildung zu sammeln. Und was für ungeheurer Stoff läuft über die Räder der preußischen Verwaltungsmaschine, dessen Kenntnisnahme den Blick zu erweitern imstande ist. Das Recht ist ferner in seiner Grundlage die gerechte und, soweit die Gerechtigkeit zwiespältige Entscheidungen zuläßt, die zweckmäßige Ordnung der Lebensverhältnisse. Der lernende Jurist kann gar nicht scharf genug auf den Zweck im Recht als Auslegungsmittel für die in Worte gefaßten Rechtsnormen hingewiesen werden. Und für die reine Verwaltungstätigkeit ist der Zweck das Maßgebende, das Recht

die Grenze. Aber man hoffe in Preußen nicht, daß die Königliche Staatsverwaltung dem profanum vulgus der Jünger der Rechtswissenschaft ihre Tore öffne. Man wird sie einfach nicht haben wollen. Und hieran wird dieser Wunsch sicher scheitern. Aber es bleibt noch die Verwaltung in den großen und kleinen Städten, bei denen Amtmännern und Distriktskommissarien, die eine Fülle von Referendarien beschäftigen könnten, und den kleinen Rest würde vielleicht die Königliche Verwaltung auch übernehmen.

7. Wenn endlich mein Vorschlag durchdränge, daß mit dem Referendariat die Vorbereitungszeit noch nicht abgeschlossen ist, sondern nur die Examina, so würde ich ein ca. 2¾jähriges Referendariat für ausreichend halten, da eben hier weiter nichts als die praktische Gewandtheit gelernt werden soll, und zwar von Leuten, die die Theorie und eine gute Methode in der Behandlung von Rechtsfällen bereits beherrschen. Werden diese 2¾ Jahre lang von bewährter Hand unter voller Ausnutzung der Zeit angeleitet, so werden die Referendare mehr können als die heute theoretisch schlecht vorbereiteten und auch erst kurz vor dem zweiten Examen sich der Theorie wieder zuwendenden, also von Fall zu Fall sich mühselig informierenden Referendarien, die dabei keineswegs die 4 Jahre straff arbeiten müssen.

Hiernach denke ich mir den Ausbildungsgang so:

6 Monate Landgericht,
3 „ Staatsanwaltschaft,
6 „ Rechtsanwaltschaft,
6 „ Amtsgericht,
6 „ Verwaltung,
6 „ Oberlandesgericht.

Dabei müßte es aber zulässig sein, daß besonders gut ausgebildete Referendare, hauptsächlich, wenn sie das Referendarexamen gut bestanden haben, von jeder Station 1—2 Monate auf ihren Wunsch erlassen bekommen und dafür, etwa vor der Oberlandesgerichtsstation, ein Semester an einer Universität studieren könnten. Hier wären dann seminaristische Übungen und Spezialvorlesungen aller Art zu hören. Die Gefahr, daß sie während dieser Zeit einen Repetitor zum Assessorexamen besuchten, würde an der anders zu gestaltenden Assessorprüfung zerschellen.

Die auf $2^3/_4$ Jahr abgekürzte praktische Ausbildungszeit würde auch ihre guten Seiten ex tunc üben: Bei Referendarexamen könnte man eine sentimental milde Entscheidung nicht mehr mit der Hoffnung auf Ausfüllung der Lücken in der Zeit der Gerichtspraxis begründen.

Nach der zweiten Prüfung dürfte dann auch der Assessor nicht wie jetzt zu dauernder halber oder Eindritteltätigkeit verurteilt, sondern müßte außerhalb der Justiztätigkeit unter Aufsicht der Justizbehörde beschäftigt werden. In Frage käme da Urlaub zu kommunalen Verwaltungsbehörden, zu Banken, Handelsgeschäften aller Arten und industriellen Unternehmen, zu Handelshochschulen und Universitäten, für die Besten zu Reisen ins Ausland behufs Kenntnisnahme von dortigen Rechtseinrichtungen, am Schluß zur Tätigkeit als Rechtsanwalt bei oder als Vertreter von Rechtsanwälten.

Auch müßte für solche Assessoren, die das nötige Interesse zum Studium von Chemie und Physik hätten, das Studium dieser Fächer, insbesondere der Besuch technischer Hochschulen, gestattet werden, damit sich dereinst ein brauchbarer Stamm von naturwissenschaftlich und technisch geschulten Richtern herausbildete, insbesondere für Streitigkeiten in Patentsachen. Es wäre übrigens empfehlenswert, wenn Richter, die für das Bankfach, für landwirtschaftliche Fragen, für Technik Interesse und einiges Verständnis haben, auch noch nach ihrer richterlichen Anstellung längeren Urlaub zur weiteren Ausbildung erhalten, um dann für derartige Sachen Verwendung zu erlangen. Mit den jetzt üblichen Kursen für die Referendare und Richter ist meines Erachtens so gut wie nichts zu erhoffen. Auf diese Weise könnte dann erreicht werden, daß die Sachverständigengutachten wirklich verstanden, daß nicht der Sachverständige der zweiten Instanz immer der wäre, der recht behielte.

Man hat ja bekanntlich vorgeschlagen (Fuchs), der angehende Jurist solle sich von Anfang an, insbesondere also vor jedem Rechtsstudium, in solchen Dingen umsehen, da er sie ja zu beurteilen habe. Aber weshalb gerade nur sie? Kann nicht alles, was in der Welt vorkommt, Gegenstand seiner Beurteilung werden? Der Jurist soll überall die Augen weit aufhalten. Aber das Streben nach Spezialkenntnissen in allen Gebieten würde ihn zum Charlatan in allen Gebieten machen. Nur dürfte es sich empfehlen, für Materien, die das Gericht öfters beschäftigen, auch Richter zu besitzen, die sie kennen und vor die dann solche Sachen zu verweisen sind.

Doch zur Vorbildung zurück.

Werden die Assessoren noch weiter auf das Studium rechtlicher oder tatsächlicher Verhältnisse verwiesen, so wird die Vorbereitung ja noch länger ausgedehnt! Aber bei der Ausdehnung der Studienzeit (4) und Abkürzung des Referendariates (2—2 3/4 Jahr) würde ja schon 1/4—1 Jahr an Zeit gespart werden. Überhaupt aber wäre für den Assessor, der jetzt im kräftigen Mannesalter stehend nur halbbeschäftigt herumläuft, ein Zeitverlust damit nicht verknüpft, da ja auch jetzt die Zeit bis zur Anstellung und bis zur kommissarischen Beschäftigung noch mehrere Jahre dauert Damit aber die guten und besten Assessoren nicht inzwischen zu anderen Behörden nur deshalb übergehen, weil sie dort alsbald eine honorierte Anstellung finden, müßte der Staat diesen guten Assessoren, auch wenn er zurzeit von ihnen keine Gegenleistung erhält, auf mehrere Jahre ein Gehalt bezahlen, was ja im ganzen für den Staat nicht viel bedeutet und doch nötig ist, um diese Kräfte für die Justiz zu behalten.

Das heutige Assessorexamen kann natürlich bei dieser Studienreform[1]) nicht mehr bestehen: Gierke sagt mit Recht: „Reife Männer nach mehrjähriger praktischer Tätigkeit in dem zu examinieren, was sie vor einer Reihe von Jahren auf der Universität hätten lernen müssen, ist ein Verfahren, dessen Sinnwidrigkeit sich durch schädliche Folgen rächt." Dazu kommt die Grausamkeit der heutigen Institutionen, reifen Männern, die sich 8 Jahre auf ihren Beruf vorbereitet haben, jetzt nach 8 Jahren zum erstenmal und nach ungefähr 9 Jahren zum zweitenmal die Erklärung abzugeben, daß sie für den Justizdienst nicht taugen, eine Grausamkeit, die nur noch dadurch übertroffen werden kann, daß man sie noch weitere 3, — ja 5 Jahre als Assessor arbeiten und ihnen nach ca. 10—12jähriger juristischer Tätigkeit, wenn sie zu nichts

[1]) Aber nur bei dieser! Siehe oben S. 60.

anderem mehr brauchbar sind, den Stuhl vor die Tür setzt. Daß bei solcher Behandlung Neurasthenie und Schlimmeres die Examenkandidaten und auch die unsicheren Assessoren befällt, darüber kann sich nur wundern, der von Menschenkenntnis unberührt geblieben ist. Solche derart in die Hand ihrer Vorgesetzten gegebenen Assessoren sind denn aber auch eine Karikatur des „nur dem Gesetze unterworfenen", unabhängigen Richters! Das sind die Folgen der „Milde" im Referendarexamen.

Meines Erachtens darf es kaum noch vorkommen, daß ein Referendar im Assessorexamen fällt — von den westfälischen Referendaren sollen jetzt ca. 65% durchfallen!

Das Assessorexamen hat lediglich praktisch zu sein. Meines Erachtens hat nicht nur die wissenschaftliche Arbeit und die Prüfung in rein wissenschaftlichen Fächern (Rechtsgesch., Allgemeines Staatsrecht, so schon Gierke und andere), sondern die Prüfung über positive Kenntnisse überhaupt zu unterbleiben. Es hat nur eine Kontrolle über eine ordnungsgemäß verwandte Zeit in der Praxis stattzufinden.

Meines Erachtens müßte die häusliche Proberelation bleiben. Aber wer weiß, wie es hier mit der Selbständigkeit steht, der wird mit mir einig sein, daß noch ein paar Klausuren, vielleicht 2 über Zivilrecht und Zivilprozeß, eine über Strafrecht und Strafprozeß am Platze sind. Dabei müßten dem Kandidaten die Bücher, die er haben will, aus der Bibliothek zur Verfügung gestellt werden. Wer alle diese Arbeiten ausreichend oder besser erledigt hat, müßte unter allen Umständen bestehen, und zur mündlichen Prüfung nur noch wegen des Prädikats zugezogen werden. Die mündliche Prüfung hätte sich auf den noch heute üblichen Vortrag und eine Diskussion über Rechtsfälle an der Hand der frei benutzbaren Gesetze zu erstrecken.

Druck von A. W. Hayn's Erben (Curt Gerber), Potsdam.

FSC
www.fsc.org
MIX
Papier | Fördert gute Waldnutzung
FSC® C083411

Kolibri 360 GmbH
Ferdinand-Jühlke-Straße 7
99095 Erfurt, Deutschland
produktsicherheit@kolibri360.de